Wir gerieten in den Gürtel der Meteoriten

Lyrik.

10.000 Aufschläge
Band 14: Aufschläge 6502 - 6999

Harald Birgfeld

Harald Birgfeld, geb. in Rostock, lebt seit 2001 in Heitersheim. Von Hause aus Dipl.-Ingenieur, befasst er sich seit 1980 mit Lyrik. 11 Gedichtbände sowie 2 Bücher in Prosa erschienen von ihm, in mindestens 23 Anthologien ist er vertreten.
Harald Birgfeld schrieb seine Gedichte, inzwischen mehr als 12.000 Strophen, überwiegend während der Fahrten in der Hamburger S-Bahn zur und von der Arbeit.
Im vorliegenden Band werden ca. 500 Strophen des Zyklus aus unterschiedlichsten Spannungsfeldern zwischen Menschen vorgestellt.
Vielleicht ein Versuch, eine Diagnose des Zustandes der Gesellschaft in einer eigenen Sprache zu geben.

Aus dem Gutachten, 1986, einer an der Universität Freiburg tätigen Literaturwissenschaftlerin:
"Es lohnt sich, einmal einen heutigen Dichter kennen zu lernen, der mit der deutschen Sprache einen faszinierend fremden Weg betritt und trotzdem dem Leser Freiraum lässt für eigene Gedankengänge, ohne dass die Probleme in erhobener Zeigefingermanier zu zeitkritischen Trampelpfaden werden."

Buchumschlag: Harald Birgfeld

Herausgeber, Autor, Redakteur: Harald Birgfeld.
e-mail: Harald.Birgfeld@t-online.de
Im Internet unter : www.Harald-Birgfeld.de

Alle Gedichte auch im Internet unter:
www.Harald-Birgfeld.de

Herstellung und Verlag:
BoD - Books on Demand, Norderstedt
ISBN 9783734783111

Inhaltsverzeichnis .... **Seite**

4

6

Aufschläge 6502 - 6504

Es lag kein
Diamant im Straßengraben,
Und die Scherbe, die dort blinkte,
Funkelte schon tagelang und würd mit jedem
Sonnenlicht, dass sich an seinen scharfen
Kanten brach, nach außen locken,
Und daneben lagen unter den verfall'nen
Tagen, die noch gestern galten, dieses
Heer von zugedeckten
Splittern.

Es war in einer
Nacht, in der ich mich entschloss
Und ausging,
Und mit meinen
Händen konnte ich die
Sterne wählen, die ich sehen wollte,
Und ich war ganz sicher, dass von ihnen
Nicht ein einziger der
Mühe wert war,
Und auch umgekehrt
War ich mir selbst zu klein geworden,
Um von mir erwählt zu werden,
Und ich prüfte wirklich, ob das eigne
Leiden noch erkennbar wäre, oder immer nur das
Rücklicht anderer, die sich dorthin
Entfernten.

Man traute auch dem
Laserlicht nichts zu,
Und ganz genau genommen, war der
Strahl im Weltall überhaupt nicht sichtbar,
Und mein
Sehen trat aus meinen
Augen auf die
Schrecklichkeiten, die ja immer nur ein
Einzelner verübte,

Und es war ja hier auf
Erden jedes
Lichtbund so verschmutzt und unsichtbar, dass sich die
Blicke kreuzen mochten,
Überlagern konnten,
Ineinander fielen,
Ohne dass es jemand merkte.

Aufschläge 6505 - 6507

Ich stand wohl viel zu dicht am
Stamm der Birke,
Und die Rinde wuchs um mich,
Ich sah herab an mir auf
Felder weißer
Haut, die eingerissen war und aufgebrochen,
Und dahinter lag ein liebevolles Schwarz,
Ich dachte nicht an diese
Krone über mir und an die
Zweige, die nun preisgegeben waren jeder
Liebelei, sich jugendlich durch halb geschlossne
Hände ziehen ließen,
Und ich stand vor mir,
Und meine
Arme schlang ich um das
Holz,
Und meine Wange presste ich an harte
Kanten.

Eine andre Säule stand allein
Und war ein meterhohes
Kunstwerk, das ergoss vom höchsten
Scheitel Wasser auf die runde
Außenwand, dass es zu einem
Spiegel wurde, der nicht spiegelte,
Es lief ganz glatt herab,
Und ,selbst beim
Baden wärest du nicht mehr mit dir allein',

So sagtest du, und stündest unter einem
Regen, den du regeln könntest,
Der dich wärmte oder kühlte,
Und es müsste möglich sein, mit einem
Handgriff dich so gläsern zu gefrieren,
Und du sähest deinem
Eingefrieren selber zu.

Es war ja so, dass jede
Unschuld immer einen einzelnen betraf,
Und in dem
Kleiderschrank lag meine
Seele, die ich nächtlich auszog,
Und sie wurde mir in dieser letzten
Dunkelheit vom Mottenfraß zerstört,
Und nichts davon hatt' ich bemerken können,
Und mein
Schlaf, danach, hielt lange an.

Aufschläge 6508 - 6510

Im Wald zerbrachen trockne
Zweige unter unsren Füßen,
Und es war gefährlich so zu wandern,
Und dein
Schatten ging dir nach und züngelte im
Abendrot und brannte lichterloh
Und streckte seine
Arme nach mir aus,
Und wirklich konnte ich dir gar nichts glauben,
Und es schien mir wahr, was dich so brennen machte,
Und es war dir völlig gleich,
Was hinter dir geschah.

An einer
Schnur, die zu mir niederhing,
Zog ich die
Lichtung auf,

Wir standen einem
Wald voll roter Dächer gegenüber,
Und dazwischen fehlte die Verbindung,
Und der eine
Schritt, den ich in diese
Richtung machte, ließ mich an die
Scheibe schlagen,
Und ein Taubentier, das von der andren
Seite kam, flog gegen Licht
Und brach sich das
Genick am Glas,
Und hier, bei mir, war nichts davon zu hören.

Dann sah ich in die
Tiefe, weil mein
Blick hineingefallen war,
Ich wollte ihn bewahren vor dem
Zwischenraum, dem
Schwindel und dem
Aufschlag,
Und man sagte mir, dass jeder
Stromschlag, der den Menschen träfe, ihm im ersten
Augenblick die Sehkraft rauben würde.

Aufschläge 6511 - 6513

Auf deiner
Stirn sah ich den roten Schönheitsfleck,
Der pochte unablässig,
Und dein Herz war hier zu Hause, weil es
Ausschau halten wollte,
Und den Menschen sagtest du und mir, dass hier dein
Drittes Auge säße,
Dass du so dem Herzen, das doch blind sei,
Von der
Sichtbarkeit berichten könntest,
Und dein Herz, das nach
Erkenntnis sucht, verstand in seiner

Dunkelheit von alledem kein
Wort.

Eine
Hand schob ihre
Fläche leicht und warm auf deinen
Rücken,
Und du konntest sie erkennen,
Und mir schenktest du die
Angst, ganz grundlos blind zu werden, zum
Geburtstag,
Und ich schaute hin zum
Gästetisch, der voller froher Menschen war,
Die hatten auf den
Gabeln schon die
Blicke aller anderen
Und waren gut gesättigt,
Und ich leerte ihre
Mägen wieder,
Und sie sahen nur den
Inhalt, der sie fürchtete und ekelte,
Und nichts war an der
Speise irgendwie verändert,
Und es brannten unverzagt die
Kerzen.

Man wollte, dass ich von dem
Turm die Glocke läutete, das war sehr schwer,
Und meine
Kräfte reichten grade aus, sie zu bewegen,
Und ihr Klang erhob sich über unsre
Dächer und schwang in die Steine,
Und man sprach mich an:
Der Turm, den ich ermauerte,
Wär über ein
Jahrhundert fertig,
Und man könnte nicht mehr länger auf den
Glöckner warten.

Aufschläge 6514 - 6516

Man operierte mich und fand in mir ein
Netz von weißen
Wurzeln, weit verzweigt,
Das wollte keinen
Schössling treiben,
Und es war ja einfach nicht genug,
Die nackten
Füße in die Erde einzugraben und zu warten,
Und mich band man gleich an einen
Stützpfahl,
Und die
Bindungsseile würden mit mir wachsen.

In der
Zeitung sah ich dann das
Bild des großen Hungers,
Und den
Mann, der seine tote
Frau nur leicht zur Seite legte,
Dem das
Kind auf seiner Schulter starb, mit einem
Kopf, schon todeskrank,
Und über eine
Straßenkreuzung wehte unbekümmert, von den
Wagen hin und her gerissen,
Eine leere Tüte,
Die stieg auf und wirbelte zurück
Und wurde überfahren,
Und ich ließ nicht ab von meinem neuen
Glauben, dessen
Zeichen wurden immer deutlicher.

In
Bilderbüchern fand man leere, weiße
Felder,
Und nur einer schnitt sie aus, um sie zu töten,
Weil er sah wie ihre

Nacktheit auch die
Blößen zeigte,
Und die eigne
Kleidung nützte gar nichts.

Aufschläge 6517 - 6519

Ich ging heraus aus meinem
Traum,
Du sagtest später, dass aus meinem
Munde eine Maus gelaufen wäre,
Und sie sei sofort in das
Gehege eines Gottes, den wir fütterten
Und den wir fürchteten, geschlüpft,
Und habe sich, so sagtest du, in dem
Gefieder tief versteckt,
Und meine Wirklichkeit war tags verletzt,
Ich musste mich vor
Spiegeln unter weißen
Tüchern hüten.

Man hatte einen
Himmelskörper ausgemacht,
Den grub man heimlich um und überließ
Besammaschinen die Befruchtung,
Und von uns aus sah man wegen der
Entfernung grade erst,
Wie sich der
Stern aus Staub und
Teilchen, die wir mit uns brachten,
Formte und gestaltete.

Mein Zimmer war bevölkert von den
Menschen, die hier wohnen wollten,
Und ich war enttäuscht
Und hätte niemandem erlaubt, zu kommen,
Und ein Sprecher fragte ganz bescheiden, ob ich eine
Heimat hätte, die ich über alles liebte,

Dorthin wollte man mich schaffen und mir
Ruhe gönnen,
Und kein einziger verlangte, dass ich aus dem
Spiegel treten sollte.

Aufschläge 6520 - 6522

Wenn ich heimisch wäre, hier bei dir
Und auch bei mir,
Wär ich daheim
Und sagte dir doch damals schon, dass ich der falsche
Flüchtling sei, der machte nur
Station, und hatte nichts, das er verlassen,
Nichts, dem er entkommen war,
Und niemand jagte ihn,
Und seine
Augen waren ständig auf der
Flucht.

Wenn ich heimisch wäre, hier bei dir
Und auch bei mir,
Dann wär ich nicht daheim
Und hätte nicht so unverzagt
Station gemacht,
Und einem
Flüchtling hattest du noch nie geholfen
Ohne dass er dich dafür verlassen musste,
Und ich sammelte schon heimlich
Drähte, kurze Seile, alles
Fluchtgeräte, die du kontrolliertest
Und mir nahmst,
Und meine
Augen blieben dir zum
Trost, als ich mich von dir wandte.

Wenn ich heimisch war,
War ich von mir verlassen,
Und ich dachte nicht an dich

Und würd mich irgendwann auf meiner
Flucht und ohne aufzuschauen,
Niederlassen,
Und wir würden miteinander leben,
So, wie gestern schon,
Und heute war es ähnlich,
Und auch morgen bliebe ich mit eingegrab'nen
Armen stehen als
Vertriebener.

Aufschläge 6523 - 6525

Mit einem
Spaten stachst du auf mich ein
Und zieltest nach dem
Schädel, der lief fort,
Den würdest du auch so nicht treffen können,
Und du warfst das
Gartenwerkzeug hinterdrein,
Das war der erste
Schmerz, den ich als wahr empfand, obwohl
Du weit daneben trafst,
Und tatst mir leid,
Und ich hielt aus erneut, und
Hunger war die nächste
Folter, die du mir vor
Augen führtest, und du quältest einen
Anderen,
Und diesmal sähe ich noch alles hinter
Glas.

Hier bei uns beschäftigte man
Menschentiere, die ersetzten abgerichtete
Maschinen,
Und sie fühlten weniger als irgendein
Verschleißteil, dass sich ihretwegen
Aufrieb.

Mancher von den
Jungen glaubte auch, der
Frieden sei das unbekannte
Wurzelwerk, dass sich durch alle
Ritzen winde
Und dann grün
Und gelb
Und braun
Und weiß
Und rot zutage träte,
Und ich sagte ihnen,
Dass sie selbst in diesen
Ritzen säßen und den
Spalt mit größter Kraft geöffnet halten mussten,
Und das
Mondlicht war auch gut genug, die
Dankgebete und die
Todesschreie aufzunehmen und sie für die
Nachwelt in die
Räumlichkeiten abzustrahlen,
Und es bohrte sich die
Zeit mit ihrer Gegenwart in meiner
Nähe durch die Wand.

Aufschläge 6526 - 6528

Ich sah es gleich, dass du dir einig warst,
Und braune
Köpfe, die du aus dem
Lehmton modelliertest, hatten ihren
Eingang in der
Stirn,
Ich sprach dich an und traf sofort auf deine
Angst,
Und alles, was ich sagen könnte, wär geeignet,
Dich von dir zu trennen,
Und die Stirn ließ mich hinein
Und führte ohne

Unterbrechung gleich zum
Hinterkopf hinaus,
Und mitten drin standst du und drücktest deinen
Rücken flach zum
Schatten an die Tunnelwand.

Ich sah in deinem Mund den
Haken, der war angeschraubt
Und wäre dort, so sagtest du, schon von
Geburt an,
Und der Vater dieser
Zeugung seist du selbst im
Zorn,
Man sah den Haken nur in deinem
Lachen.

Meine Füße machten eine
Doppelspur aus roter
Farbe, weil ich unbemerkt hindurchgegangen war,
Und monochrom war der
Gedanke, der mir folgte,
Und ich trat so unversehrt aus deinem
Kopf,
Der war doch wirklich nur ein
Abguss einer Wirklichkeit, die lag
Zerbrochen auf der
Waage.

Aufschläge 6529 - 6531
  Nach einem Film über Hiroshima (6. August 1945)

Unwahr ist der lange
Nagel, der in meiner Stirn sitzt,
Und man wies ihn nach als
Einzelheit, die unumgänglich war,
Auch schlug er mich nicht an die
Wand,
Er ragt noch immer aus dem

Hinterkopf und lässt sich dort berühren,
Und dies ist der
Schöntag, der, so sagt ein
Vatersohngedicht, die
Sonnenbombe fallen ließ auf unser Haupt,
Und nun sitz ich am
Straßenrand im eingebrannten
Schatten einer meiner Väter, und sein
Schrei glitt damals in die aufgeplatzte
Rinde eines Baumes, die zur neuen
Sonne schaute,
Und sein Schrei blieb unaufhörlich ohne ein
Geschlecht hier stehen.

Unwahr sind auch
Stoffemuster, die sich in die
Haut einstrahlten,
Und sie prägten sich auf
Menschendärme, Menschenlebern,
Und mein Weib hat jetzt das
Küchenkittelmuster, das ihr
Herz verkleidet hat, als
Strahlenkranz an jedes ihrer
Kinder weitergeben müssen.

Unwahr sind auch jene
Augen, die allein spazieren gingen,
Und sie lachten, als die
Köpfe falsch von ihnen dachten,
Und es war ja nicht ihr freier
Wille,
Und es blieb nicht
Zeit auch nur für einen Blick in leere
Augenhöhlen, die sogleich zerfallen waren,
Und es würden diese
Augen ohne
Tränen leben müssen,
Und es war ja niemand,
Der so schnell ein schwarzes

Laken vor den Giftball hatte werfen können,
Und es brodelte der
Fluss von aufgeplatzten
Menschenleibern und stand selbst in
Flammen.

Aufschläge 6532 - 6534

Das Morgenlicht brach grell ins
Fenster, und ich hatte kurz zuvor
Die Nacht zerrissen, die stand noch bis jetzt im
Vorhang,
Und ein kleines Vogeltier flog gegen diese
Scheibe und fiel tief in einen
Hof,
Ich hatte nichts gehört
Und sah ein wenig
Flüssigkeit dort draußen an dem Glas,
Die floss zusammen,
Und sie bildete nun einen milchig, weißen
Tropfen.

Drinnen steckte ich die Finger aus,
Und meine
Hände warfen scharfe
Schatten auf die Fensterbank,
Die glitten lautlos über meinen
Rücken, der dort lag,
Und niemals würde ich mich unter eigne
Gitterstäbe legen,
Und es war nur dieser
Wechsel zwischen kaltem Schatten
Und den warmen
Strahlen, der mich reizte.

Einen
Schritt trat ich zurück und hinter mich
Und sah mich vor dem

Fenster stehen,
Und ich war auch tief im
Hof mit meiner Hand
Und unter diesem
Vogeltier, das war noch warm,
Und auch als Rücken in der Fensterbank
Und war nicht freier als es dieser
Ausschnitt zeigte,
Und das
Grelllicht trieb mir feuchte
Fäden in die Augen,
Die verklebten etwas meine Wimpern,
Und ich wagte nicht am kleinsten
Schwarzstrich meiner
Arbeit zu radieren.

Aufschläge 6535 - 6537

Man zog aus einem
Holzhaus einen Balken, den man
Senkrecht stellte,
Und dies sei die Strafe:
Dass man jeden, der den
Balken so entferne, an denselben
Schlagen werde, dass er sterben müsse,
Und in meinem
Hause war ich doch allein
Und auch der einzige der Balken,
Und ich zündete mich an aus
Angst, dass ich verbrannte,
Und man sagte, das sei ebenso gerecht
Und ließ mich
Ungestraft.

Du warst in meine
Nacht am frühen Morgen eingebrochen,
Und du suchtest Hilfe,
Und ich bot dir weiße

Laken an,
Die waren dir zu dünn als Schutzwand,
Und die Nacht, in die du einbrachst,
Hatte wirklich eine viel zu schwache
Decke,
Und du sankst so schnell,
Dass du, bevor ich eine
Leiter fand, ein Seil, ein Handtuch oder
Irgendetwas, das ich bis zur
Einbruchstelle hätte werfen oder reichen können,
Schon ertrankst.

Neu war auch das unbeschrieb'ne
Namensschild, das man an meine
Haustür schraubte,
Und man rief mich an
Und sprach durch ein
Gerät mit mir und sagte gleich,
Sobald man über die
Vergabe meines Namens
Klarheit habe,
Dürfte ich es wieder ganz
Entfernen.

Aufschläge 6538 - 6540

Die Straße, die ich ging, war öd und einsam,
Und es standen hier und da
Gesichter, die ich kannte,
Und mein Fuß trat wie versehentlich den Kieselstein,
Der flog auf unbedachter
Bahn weit über die Begrenzung,
Und es waren beides Nichtigkeiten, die ich den
Gesichtern zeigte:
Mich, so unwert wie ich war geliebt zu werden,
Und den Kiesel, dessen
Unschuld mich nicht rührte.

Bedachte ich genau die
Kämpfe, die ich,
Ohne mich zu rühren,
Ohne jede Waffe,
Ohne jedes laute Wort und
Ohne einen Menschen zu berühren,
Täglich kämpfte,
Ja, ich sprach sogar in einer andren
Sprache, die ich nicht verstand,
Bedachte ich genau die
Kämpfe, die ich täglich kämpfte,
Stand ich eigentlich den
Feinden, die erst morgen
Gegner waren,
Jetzt schon gegenüber,

Wenn mir schon die
Gegner fehlten, hätte ich von schönen
Siegen einen wenigstens erwählen dürfen,
Und es musste schließlich so sein, dass die
Niederlagen, die ich reichlich fand,
Die wahren
Siege waren,
Und ich sah in einer Straßenpfütze, dass sich
Jede Einzelheit der Wolkenbildung
Darin spiegelte,
Und auch der Vogelflug zog durch die
Wasseroberfläche, ohne sie zu
Ritzen.

Aufschläge 6541 - 6543

Von einer andren
Fressgewohnheit als vom
Töten und Getötet werden hattest du
Noch nichts gehört,
Dein
Gott lag mager auf dem

Drahtbett neben dir und nahm nichts an
Und hungerte und darbte,
Und er reiste heimlich durch die
Nacht und war versteckt in einem
Eimer, der war leicht zu tragen und war
Unauffällig leer und eilte ohne
Aufenthalt von einer
Mahlzeit zu der anderen und teilte Speisen aus,
Die waren überall vorhanden.

Meine Tage standen schon von
Anfang an auf Schienen,
Und ich blickte, wie die anderen nach vorn
Und achtete auf eine
Seitenspur, die würde mich vielleicht zu einem
Irrtum werden lassen,
Und in
Wahrheit stand ich ganz alleine vor dem schweren
Wagen, den ich mit den
Schultern ziehen musste,
Und ich saß darauf und sammelte von allem, was in meiner
Eile zu erreichen war, und steckte fest im
Sand,
Vielleicht, so dachte ich, fänd ich ein
Messer, das sollt mich aus meinen
Gurten schneiden können.

Hinter mir sang eine
Frauenstimme davon, dass sich alles
Wiederhole,
Und der
Mensch lebt in der
Wohnungsstille und zur gleichen
Zeit vor seiner eignen Tür,
Sein Klopfen mahne ihn dort drinnen,
Und er klopfe auch nach draußen
Und erschrecke nicht darüber.

Aufschläge 6544 - 6546

Lau und schön stand neben mir der
Sommerwind,
Und mein Verlangen war so wach,
Ich griff nach ihm und hielt ihn an der
Hand,
Durch meine
Lippen stach ein feiner
Draht, der wiederholte sich und legte eine
Naht um meinen Kopf,
Ich wurde ganz in mich
Verschlossen.

Der eine
Wunsch, den ich schon lange hatte,
Wurde mir erfüllt:
Bevor das Frühjahr anfing,
Und ich mochte denken, was ich wollte,
Immer war es schon vorhanden,
Und ich sah es als
Geschenk das erste Mal.

Viele
Menschen demonstrierten,
Und ich stand daneben,
Und ich wär auch nicht dabei,
Wär ich dabei gewesen,
Und ich richtete mich wirklich gegen mich,
Und die dort standen und zum
Himmel und zur Erde riefen,
Wussten nichts davon und auch nicht,
Wo sie standen,
Und sie meinten sich.

Aufschläge 6547 - 6549

Hinter deinen
Augen waren viele Wege deines
Gartens zugewachsen,
Und ich sprach mit dir darüber,
Und du suchtest außerhalb
Und konntest nichts entdecken,
Und ich kehrte heim
Und schaute heimlich um und neben meine eignen
Büsche und entdeckte dich,
Du warst auf einem nie benutzten
Pfad, der stieß direkt in meine
Augen.

Mittags sollten Gäste kommen,
Und die trafen ein
Und kamen doch nicht an
Und aßen viel und ließen ihre
Mahlzeit, die ich vorbereitet hatte, liegen,
Und ich durfte keine
Trauer tragen,
Nur um meinetwillen.

Eure Kunst war schwer und ungewöhnlich,
Und ihr formtet
Himmelswolken um nach eurem Willen,
Und den Wind, der euch dies
Handwerk wehrte,
Ließt ihr farbig werden,
Und er floh in
Scham schon, als man ihn entdeckte,
Und ein
Gegenkünstler spielte mit gefärbten
Winden, die er in bewegten
Bildern in das Blau der
Tagesdecke stoßen ließ,
Dort gingen sie verloren.

Aufschläge 6550 - 6552

Es stehen deine
Haare in den unbewegten
Wassern deines Strandes,
Und der
Anschein einer
Strömung stellt sie etwas seitlich,
Und auf deinen roten
Schal fällt leicht ein einzelnes der
Gräser und liegt über Falten,
Und im Kiesbett deines
Nackens knirschen noch die unsichtbaren
Füße einer flachen Spur.

Deine
Landschaft war mir neu,
Und unbeschwert war jeder meiner
Schritte,
Und ich ging spazieren unter deinem
Langhaar, das begrenzte die
Lagune weißen Sandes,
Und du wartetest am
Ufer,
Und es bissen deine
Schneidezähne auf die Unterlippe in Erwartung,
Und ich traute mich nicht in die
Tiefe vor.

Später kam ich heim und hatte im
Gepäck nur den Verdacht,
Und hob die
Decke der geharkten Wege hoch
Und fand darunter eingetret'ne
Pfade, die verliefen völlig anders als man sah,
Und du bewegtest dich darauf
Und kanntest dich gut aus.

Aufschläge 6553 - 6555

Man plante jetzt schon, meine
Augen einst mit einem
Holzbrett zu verschließen,
Und man plante es bei allen,
Auch bei sich,
Und dieses Tuch in meinen
Händen, das ich ständig übers
Bild zog, kannte mehr als ich und sah, dass in dem
Rahmen eine
Jugend wechselte mit dem
Gesicht des Alters,
Ich jedoch verwechselte in einem fort,
Je länger ich drauf starrte, die
Vergangenheit mit der Vergangenheit,
Von der ich nichts zu sehen wünschte.

Lange schaute ich in mich
Und störte keinen, der dort saß und so
Nach draußen seine
Blicke werfen konnte,
Und man ließ mir meine
Zwiegespräche,
Und ich kämpfte in
Beredsamkeit mit mir,
Und hart war vieles hinzunehmen,
Das ich sagte.

Alle Brüche meiner
Worte nähte ich mit
Draht, der lange hielt
Und der nicht rosten konnte,
Und im
Laufe meiner Jahre wuchsen viele
Regelrecht zusammen ,
Und ich konnte einiges an mir
Verstehen.

Aufschläge 6556 - 6558

Hinter meinen
Bergen kauerte das
Nichts, es war so wenig nichts,
Dass es sich über keinen
Bergkamm wagte,
Und ich stand am
Abhang, tief im Felsen,
Sah hinauf und hin zum
Gipfel, der sich zu mir beugte,
So sehr war ich nah und wollte doch nicht dort sein,
Und ich grub mich tiefer ein
Und hörte meinen eignen
Atem auf der andren
Seite.

Hier berief ich mich auf meine
Unschuld, die war weit entfernt auf
Reisen, und es gab da ein
Gesetz, das müsst man schätzen können,
Und in meinem
Nachtschrank stand die
Schachtel voller Wissen, die war leer und ohne
Boden,
Und ich fand es,
Wie ich es vermutet hatte.

Draußen, wo die
Räume sich vergrößerten je kleiner man sie sah,
Hier draußen gab es keinen
Rückflug, keine
Heimkehr, keinen
Stillstand,
Und das
Nichts wurd selbst zum
Handwerkszeug, das füllten wir mit unsrem
Umgang, der nicht enden konnte, auf.

Aufschläge 6559 - 6561

Du stehst hinter dir, mit deinem
Blick gezielt auf mich und nähst mit langen
Stichen meinen Rücken zu und rechnest lange, ob der
Wert, wenn er denn kleiner wird als
Eins, auch wirklich kleiner wird,
Und ob wir, so verschweißt mit deinem
Augenfaden insgesamt wohl weniger ergeben
Als wenn du in dir und ich in mir
Alleine blieben.

Über deine rechte runde
Schulter schob ich meinen Mund,
Der nahm nicht Abschied,
Und der Kuss wurd immer größer,
Und du ließt dich von mir lieben,
Und ich liebte eine andere an dir,
Und diese andere zerriss sich ihre
Kleider und ertrug den eignen Mann,
Der nahm sie nur, weil ich für ihn so
Unerreichbar war,
Und du an dir
Und ich an ihr
Und er an mir vergaben nichts,
Und wirklich, nichts geschah,
Was wir uns zu vergeben hatten.

Nun entdeckte ich das
Lichtseil, das durch meinen
Leib lief,
Und man hatte es dort heimlich eingefädelt,
Und es saß so fest und lief zugleich
So ungehindert durch durch mich
Und kam von Unbekannten,
Und ich hätte gern erfahren,
Wer ich war daran und auch
Wohin ich ging damit.

Aufschläge 6562 - 6564

Eigentlich war es verboten,
Mich zu zeigen,
Und ich zeigte mich und sah nach oben
Und den
Pfeilen zweier Entenvögel nach,
Die zogen schnell vorbei
Und schauten nicht nach mir,
Ich ging in eine unbekannte
Richtung, auch in sie zu schreiten war verboten,
Und es war noch niemand vor mir hier gewesen,
Und ich rief und musste meine
Antwort selber geben,
Das war meine Strafe.

So erzwang man mein Bekenntnis,
Und ich hob den
Zeigefinger in den Himmel,
Und ich wies in diese Richtung,
Und ich schimpfte nach dort oben,
Und was hinter meinen nahen
Wolken lag, blieb mir verborgen,
Und ein
Mütterlein gab mir für meine
Nacktheit einen Fingerhut, der war aus
Porzellan und bunt bemalt.

Später wurde ich ans
Telefon gerufen
Und erfuhr nicht, wer dort sprach,
Und hörte nur den
Vorwurf, dass ich mir im
Wege stand,
Das wäre nicht mehr zu ertragen,
Und es müsste einer von uns beiden weichen,
Und, mich zu entscheiden, bliebe kaum mehr
Zeit,
Man habe mich statt meiner, gegen meinen

Willen nun befreit,
Und nirgends würde ich mehr auf mich
Stoßen.

Aufschläge 6565 - 6567

Siehst du, dieses ist ein
Märchen, das geschah heut Morgen,
Und man gab mir alles, alles was ich wollte,
Und ich wollte viel und war so
Maßlos anspruchslos in meiner
Auswahl,
Und zuvor, als ich den
Glücksstein nicht zu fassen wusste,
War ich über alle Maßen anspruchsvoll
Und hatte nichts, obwohl ich
Alles hatte.

Diesen
Ring an meinem Finger trug zuvor ein andrer
Mensch, der sprach in einer andren
Sprache,
Und ich redete mit ihm
Und fragte ihn auf meine
Weise nach dem früheren
Besitzer und nach dem, was dessen
Hände angerichtet hätten,
Und ich musste das betret'ne
Schweigen deuten,
Und nur eines wurd' gewiss,
Dass dieser Ring niemals zuvor von einer andren
Hand als dieser je getragen worden war.

Jemand hing der
Statue die Eisenfelge um den
Hals, die wurde dort zur königlichen
Krause,
Und man staunte über die

Verwandlung,
Und ich zeigte mich auch öffentlich
Und stellte mich ganz ohne
Rücksicht auf mich selber aus.

Aufschläge 6568 - 6570

Tags, so fiel mir ein, zog über uns hinweg das
Sternenzelt des Südens,
Und ich hätte fragen können, ob die
Himmelsbläue dort im
Südmeer wirklich schon um vier des
Morgens sichtbar würde,
Und die
Wolke Eskortierter zog an mir vorbei,
Und immer öfter hörte ich das
Rauschen aufgeregter Stimmen,
Und ich könnte mich mit einem
Aufschrei selbst daraus befrei'n,
Und schwieg statt dessen, schwieg zu mir,
Und schwieg mich aus, dort draußen,
Sah mich nicht
Und blieb auch überseh'n von mir.

Der
Stützstock, den ich bei mir trug,
Weil mich das
Alter täglich einmal überraschte,
Und ich war noch jung,
Selbst dieser
Stab, den ich am Morgen aus der
Hecke schnitt, zerbrach am
Abend schon in Trockenheit.

Mein
Leben war so lückenlos und
Nirgends war ein
Ende, dass ich es nicht mehr ertrug,

Und neben mir bewohnten
Fremde meine Nachbarzimmer,
Und man zählte dort ganz systematisch
Alles, was sich zählen ließ,
Das wurde immer weniger,
Und was unzählbar wurde, strich man von der
Liste,
Und es war ganz gleich, ob diese
Anzahl starb, weil sie unendlich wurde
Oder einfach endete.

Aufschläge 6571 - 6573

Du hattest mich enteignet,
Das sei schlimmer als entleibt, so sagtest du,
Und eine
Namenlosigkeit zu tragen, sei ein
Tod auf Raten,
Und die erste Rate konntest du mir zeigen,
Und mein Eigen, das, was unangreifbar sei,
Wär auch schon fast in deiner
Hand:
Du sahst mich auf der Flucht
Und dir direkt in deine
Arme laufen.

Unser Haus war klein geworden,
Niemand konnte dort mehr sein,
Geheimnis wahren,
Alle Türen hatte man entfernt,
Und vorn am
Eingang hing ein
Schild mit Hinweis auf die absolute
Leere hier bei uns,
Und alle
Fenster waren eingeschlagen,
Und von außen schauten fremde
Menschen rein und kletterten an den

Fassaden und mit Leitern an die höchsten
Luken, um der
Leere nah zu sein.

Ich selbst saß auf dem
Hocker, der stand eng am Tisch,
Darunter lag mein
Wille, der war klein und ausgetrocknet,
Und ich trat versehentlich auf ihn,
Und fremd war mir das
Schweigen, das uns trennte,
Und hier oben durfte ich aus einer
Kiste einen Namen ziehen,
Der beschrieb das
Fach, in dem ich mich bei einer neuen
Suche wiederfinden sollte.

Aufschläge 6574 - 6576

Man rief nach mir, ein
Rufen, das ich ganz falsch deutete,
Man sagte:
„Du bist nun genesen, neu entstanden aus der
Krankheit,
Hinter dir liegt guter
Mut, der hat sich nun in Tapferkeit verwandelt,‟
Und ich glaubte nur das eine,
Weil ich's wusste:
„Wer entsteht, genest.‟

In der
Heilung liegen oft die
Tränen, die ein
Tötungsmechanismus hinterlässt und den
Verdacht dazu, dass uns die
Trauer zwingt, die falschen
Dinge zu bedauern,
Und ich weinte offenbar um mich,

Und schmerzhaft musste ich mit eignen
Händen die vernähten
Wunden lecken.

Auf der
Treppe hingen große
Bilder aus der Altzeit, deren
Herkunft wir nicht wussten,
Und sie zeigten mich in allen
Lebensphasen,
Und auch einige, das war gewiss,
Sah ich darunter, die mich schon in meiner
Zukunft zeigten und bis hier
Verfolgten.

Aufschläge 6577 - 6579

Der
Bogen grellen Lichtes riss nicht ab,
Du sprachst von
Dingen, die vor meiner
Haustür standen, die ich anderen als
Abfall überließ,
Die kamen von weit her und suchten aus
Und wählten, kramten,
Und du sprachst zu mir von ihnen,
Und ich sollte ihnen alles, was ich hatte, überlassen,
Oder einfach liegen lassen, wo es war,
Und mit dir gehen,
Und du merktest nicht, dass ich ja selbst schon auf dem
Haufen lag und meine
Arme jedem
Sammler in die Arme legte
Und mich an sie klammerte,
Und deine Taschenlampe hatte einen
Viel zu schwachen Strahl bei deiner
Suche.

Am Hafen sah ich
Möwen fliegen und einander jagen,
Und ich sah den
Fluss und sah den Wind
Und sah in die Geräusche
Und sah alles, alles,
Und ich hörte keinen Laut,
So sehr erlebte ich im Leben,
Und als wirklich einmal deine
Augen schwiegen, deine
Ohren nichts erkannten,
Deine Hand dir deinen Mund verschloss,
Starb ich an dieser
Explosion der Stille.

Lange blieb ich nach dem
Sturz noch liegen,
Niemand hob mich auf,
Und keiner ahnte, dass hier eine
Rettung möglich war,
Und auch das
Vorjahrsstroh, an das ich lehnte,
War ganz feucht,
Es war ein Kind, das mir die
Spielzeugtrommel auf die
Knie und Schlegel in die
Hände drückte, dass ich mir den
Rhythmus schlagen konnte.

Aufschläge 6580 - 6582

Auf deinem
Kopf trugst du den kleinen roten Hut,
Man sah, dass dir die
Schönheit haften blieb,
Und deine kleinen
Schritte führten dich nicht fort,
Sie zeigten alles nur in immer neuer

Position,
Und nun gewahrte ich, wie deine ausgestreckten
Hände über deinem
Volk das Wort ergriffen,
Und das Volk gebar in seinem
Hunger wieder, wieder neuen Hunger,
Du jedoch entschiedst in deiner absoluten
Nähe über ihren
Tod, nicht über eines ihrer Leben,
Und wir anderen, auch ich,
Berührten, dicht gedrängt, das
Fenster, das uns von dir trennte,
Und es mochte jeden
Augenblick von unsrem
Ansturm brechen.

Auch die
Drähte, die uns aneinander reihten,
Konnten plötzlich reißen,
Und ich lebte neuerdings ganz ohne
Tagesinstrumente,
Und die
Zeit, die sich mir auftat, gestern noch das
Auge meiner Zukunft war,
Die setzte ich in meine
Stube,
Und sie lehrte mich ein
Kartenspiel in dem sich die
Erinnerung und die
Erwartung ohne Unterschied aus meinen
Händen auf den Holztisch werfen
Und verspielen ließen.

Deine
Tasche hing mit einem
Lederriemen an der Schulter,
Und du warfst so viel hinein, dass ich erstaunte,
Und auch andre kamen, die sich über ihre
Öffnung beugten,

Und sie legten große, schwere
Lasten ab,
Und als ich kam und nachsah, war die
Tasche leer und ohne Boden,
Und ich hätte nicht gewagt, die kleinste
Kleinigkeit
Hineinzuwerfen.

Aufschläge 6583 - 6585

Heute Morgen war ich voller
Zweifel, als ich ging,
Und unter mir bewegte sich ein
Weg, der mich nach vorne brachte,
Und mein Zweifel blieb,
Und als ich meine
Augen meinem Rücken lieh,
Entdeckte ich, dass eine tiefe
Spalte hinter mir den
Weg in seiner Mitte auseinander schob,
Und alles, was ich tat, blieb zweifelhaft:
Das Trinkglas, das ich anhob, war schon leer,
Bevor ich daraus trank,
Und Regen fiel aus blauem
Himmel, der benetzte meinen
Mantel nicht,
Und die
Passanten waren völlig nackt,
Und ihre Kleidung trugen sie,
Man sah es ganz genau,
Nach innen.

Ich verstand auch nicht, warum man
Wolken numerierte und mit
Drähten, die ich hier von unten aus bemerkte,
Aneinander nähte,
Und es spannte sich so schnell dies
Gitter über uns als

Himmelsbogen,
Der ging morgens auf
Und glühte nachts als tausendfaches
Fadenkreuz.

Sieh, in meiner
Wohnung lebte ich allein,
Und die, die mit mir lebten,
Waren nicht vorhanden,
Und mein
Mantel, der von dem ich grade sprach,
Schob immer seinen
Ärmel in die Tasche eines andren
Mantels oder hing sich ein in einen andren Ärmel,
Und er war doch ordentlich an der
Gard'robe aufgeräumt.

Aufschläge 6586 - 6588

Die
Mittagsstunde kam als stille
Wolke auf mich zu, die ich genoss,
Die
Ruhe hing in Bodennähe
Und war weit verbreitet,
Und die schwarzen
Punkte einer Tageszeitung fielen als ein
Ascheregen in die
Spur, die zu mir führte,
Ein betret'ner
Weg, den ich zurück würd gehen müssen,
Und die weißen
Beeren, die am
Bahndamm meiner Reise wuchsen,
Schossen als ein
Schneegestöber, an dem
Zug, in dem ich saß,
Vorbei.

Dieser
Tag war ganz genau wie jeder andere,
Und gestern war für mich schon heute Morgen
Oder wie man immer dieses
Wortspiel drehen wollte,
Und ich schrieb an dich die
Nachricht, die ich heut bekam,
Und sandte sie, weil ich mich nicht verstand,
Zurück an mich.

Ich wickelte ein
Farbenband um meine
Stirn,
Es färbte sehr,
Es drang mit seiner
Farbe unter meine Haut,
Verfärbte mich nun innerlich
Und einheitlich,
Ich kannte mich in mir bald nicht mehr aus,
Und alle Schnitte, die mich teilten,
Zeigten mich so völlig farbengleich im
Blut.

Aufschläge 6589 - 6591

In unsrem
Fenster hing ein winzig kleiner
Vogelkäfig, der bestand aus goldnem
Draht,
Das Vögelchen darin hat sich ein
Lied gesungen, das ich nicht vergessen kann,
Es sang von einem
Regentropfen, der an seinem
Fenster stand,
Der putzte sich sekundenlang die
Farben in der Sonne,
Stürzte dann, von Strahlen ausgebrannt, erloschen auf den

Fensterrahmen nieder und
Ertrank.

Das
Fest, das ihr so eifrig feiertet, war auch für mich,
Und auf der
Eintrittskarte, die ich mit mir brachte, stand mein
Name, der war leserlich,
Ihr hattet mich ja eingeladen,
Und es war kein Einziger zu sehen,
Keiner am Empfang und weit und breit kein
Gast,
Auch niemand der hier arrangierte,
Und es galt wohl alles, alles mir,
Und als ich ankam, tauchte man mich gleich in einen
Mantel einer Heiterkeit,
Der passte rundherum und überall
Und schloss mich völlig ein.

So stand ich auf dem
Dach und schwankte in dem
Wind,
Man konnte wirklich weiter sehen,
Wenn man höher stieg,
Und in dem
Schacht, den ich danach bestieg,
Sah ich, dass sich die
Tiefe auch unendlich dehnt
Und nirgends endet.

Aufschläge 6592 - 6594

In dem andren
Zimmer wurde man behandelt und geheilt,
Und hier, auf dieser
Seite wurde man gekränkt, verletzt
Und vorbereitet für den
Nebenraum,

Und irgendjemand rief mich an
Und fragte mich, ob ich verletzt sei,
Irgendwo, es sei ganz gleich, an welcher
Stelle,
Und ich zeigte wieder auf die blanken
Flecken meiner Haut mit der ich dauernd an die
Gitterstäbe stieß.

Jeder, hieß es, sollte an sie denken,
An die
Würde, die dem Menschen eigen sei,
Und du beschimpftest mich voll
Leidenschaft, die riss das
Pflaster von der rohen Öffnung
Und stieß tief hinein,
Und eine Würde, sagtest du,
Dürft keine andre stören
Und müsst teilbar sein in große und in kleine
Stücke.

Wir lebten auch mit einem
Völlig unbekannten Tier,
Und nur, weil niemand wusste,
Wie, wovon es leben, was es fressen, trinken mochte,
Blieb es uns am Leben,
Und wir überließen es sich ganz allein,
Und niemand sah es je,
Und keiner fragte irgendwann
Danach.

Aufschläge 6595 - 6597

Auf die
Stellung meiner Sonne nahm ich keine
Rücksicht,
Und ich ging zum
Marktplatz, der war leer,
Und hinter schrägen

Bäumen stand der
Wind mit leicht verschränkten Armen,
Und um diese hohe
Stunde lag sein Atem schlafend in den
Ästen,
Und es war kein
Mensch, kein Tier zu treffen, das war gut,
Und endlich hörte ich, wie sich die eignen
Schritte unabhängig von mir selber
Fortbewegten und an mir vorübergingen,
Und dies war der erste
Schritt, den ich ganz langsam zu mir
Machte.

Eine
Seitenstraße führte mich zu einem kleinen
Hafen,
Und ich roch die einzelnen
Erlebnisse,
Ich trank von dem
Gemisch aus Teer und Lindenblüten,
Und am Hafenbecken warf ich eines jener schwarzen
Netze über mich,
Und seine Fäden rissen nicht und hielten
Diesen großen
Fisch ganz fest am
Boden.

Später sah ich doch nach oben,
Wollte wissen, wie die
Sonne, unter der ich lebte, ihren
Tag begonnen hatte,
Und sie war schon längst vorbei gezogen,
Und es gab sehr viele
Leute, die die Stellung ihrer
Sonne nicht mehr wussten
Und auch nicht mehr danach
Fragten.

Aufschläge 6598 - 6600

Ein
Künstler saß den langen
Tag ganz eng am
Rande seiner Arbeit,
Und ich hatte ihm gesagt:
In einem
Mann lebt auch die Frau,
Und in der
Frau wird er einst sterben,
Und wir hielten unsretwegen unsre
Augen offen, um den
Tod gleich zu erkennen, der uns bergen sollte,
Und es war mein
Irrtum, denn die
Arbeit, die wir machten, hatte kein
Geschlecht und ungerecht war, was wir dachten,
Und es leben beide in dem Mann,
Der Mann, die Frau und umgekehrt
Auch er in ihr
Und sie in sich
Und er in sich,
Und was wir schufen war die reine
Kunst, die wir erkannten,
Und wir gingen auf sie zu.

Auch der lange
Draht, den du mit
Absicht in die Erde wachsen ließt,
Man sah ja nur den
Anfang, nicht das Ende,
Riss doch jeden, der von seiner
Länge wusste, mit sich in die
Tiefe bis ans
Ende.

Mir war eine ferne
Welt genug,

Sie saß in mir
Und ruhte sich dort aus
Und wartete auf den
Entdecker.

Aufschläge 6601 - 6603

Wir gingen auf dem
Weg,
Ich hatte in der Stadt den
Festtermin bekommen,
Und ich eilte,
Und du bliebst zurück,
Auch störten dich die
Zweige, die herüberhingen,
Und sie griffen nur nach dir,
Ich sah sie nicht,
Und deine Angst wurd größer,
Und sie hielt dich immer weiter hinter mir,
Und rückte dich nicht auf,
Und unter uns, das wusstest du,
Lief eine zweite
Straße, die war ohne jede
Schwierigkeit für dich,
Die würden wir am
Ende treffen,
Und du gingst von nun an keinen
Schritt mehr.

Aus den beiden
Fäden wollt ich eine
Schleife machen,
Die sollt nur zwei freie
Enden aneinander binden,
Weil sie sich im
Raum sonst nie getroffen hätten,
Und ich griff hier ein,
Und weit entfernt, soweit, dass man

Mir nicht berichten konnte,
Löste sich zur gleichen
Zeit der Faden aus der Schleife,
Die so lang gehalten hatte.

Man sprach von einem
Wert, der sei verborgen, tief vergraben,
Irgendwo versenkt im Wasser oder
Läge völlig offen, frei und unverhüllt,
Und ich war sicher, dass
Ich ihn in meinen leeren, ausgestreckten
Händen hielte und mit nichts von dort vertreiben
Oder sichtbar machen könnte.

Aufschläge 6604 - 6606

Ich sah das blaue
Eiskristall, es war der letzten
Nacht herausgebrochen, lag des
Tags nun noch im Weg
Und fesselte die
Augen, dass ich stehen bleiben musste,
Und von deinen Lippen hörte ich:
„Geh zu und lass das
Eis alleine wachsen,"
Und du zogst mich fort in warme Räume,
Und die
Bänder, die um meine
Augen lagen, tauten nicht und hinderten die
Blicke zwischen dir und mir zu wandern,
Und du sagtest noch, dies sei ein
Fall, der würde lange keine
Lösung finden.

Andrerseits schriebst du die
Lösung auf ein kleines
Stück des Zeitungsrandes,
Weil es dort noch frei war,

Und dir reichte dieser Platz,
Dann warfst du deine
Zeitung ungelesen fort und sagtest mir,
Die
Felder und die
Linien könnten so nicht mehr bestehen bleiben,
Und die neuen
Perspektiven lösten alles auf
Und zwangen dich und mich zu andrern
Dimensionen.

Ich suchte darauf hin in meiner
Nähe,
Und die Häuser weit dahinten
blieben in der Wahrheit unverändert gleich in ihrer
Größe und die andern Gegenstände auch,
Sie mochten noch so weit entfernt sein,
Und die
Schwierigkeit für mich war eigentlich, den
Reiter, der im Nebel auf mich zu kam, zu erkennen
Und ihn nicht für alles andere zu halten,
Als den
Reiter, den ich nicht erkannte.

Aufschläge 6607 - 6609

Über uns trug man die
Dächer ab,
Wir wussten nicht warum,
Und immer größer wurde eine
Blöße, der wir uns nicht mehr entziehen konnten,
Und es war ein
Unterschied, ob jemand kam und uns im
Freien antraf oder uns aus unsrer
Erde grub,
Und wir hier unten sammelten die
Nadeln, die man immer noch für den
Papiereinschlag der Blumen brauchte,

Steckten sie zunächst in die Papiertapete,
Und wir konnten sie nicht mehr
Für unsre Sicherheit benutzen,
Und man riss von außen immer heftiger an der
Verpackung.

In einem
Garten lag ein Boot, es zeigte mit dem
Kiel nach oben,
Und ich sah sofort die
Löcher, die im Boden waren,
Und ich fuhr mit diesem Boot die lange
Strecke in die Offenheit, die sich am
Himmel zeigte,
Und es kam, wie ich es schon befürchtet hatte,
Luft drang ein und ließ mich völlig
Untergeh'n in meiner kleinen
Freiheit,
Erst am Grunde angekommen stieg ich aus,
Das
Boot schlug um und blieb mit seinem
Kiel nach oben liegen,
Wo es lag.

Mir riss ein
Wind den Hut vom Kopf,
Die Öffnung traf uns beide,
Und ich griff ins
Haar, es fest zu halten,
Und der
Hut schlug sich die Hand
Vor seinen Mund,
Ich lief ihm nach,
Und er wich aus,
Der Wind wollt ganze
Arbeit machen,
Und es fiel ins
Wasser und schwamm nicht mehr auf,
Und alles, was ich dachte, warf ich hinterher

Und sah, wie es den
Wind beruhigte und friedlich stimmte
Und ihn sättigte,
Und dass er seine
Arbeit nun vollendet hatte.

Aufschläge 6610 - 6612

Wir litten unter einer
Bindungsenergie, die reichte über große
Strecken,
Und wir mochten uns, soweit es ging, entfernen
Und den anderen vergessen wollen,
Und es kam der
Zeitpunkt, der uns festhielt
Und uns zwang zurückzugehen, auf uns zu,
Und später fand man auch den
Grund für unsre
Umkehr, die sich dauernd wiederholte,
Und man hatte, noch in unserem
System, den
Überstern entdeckt,
Der stand seit langem zwischen uns
Und zog uns an
Und stieß uns ab in großen
Bögen.

Es war die
Hoffnung, die wir hatten,
Und es gab Beweise überall dafür,
Und um den
Giftpilz, der nicht enden wollte, dessen
Wachstum ebenfalls im
Grunde eine
Hoffnung war,
Um diesen Giftpilz zogen wir bis in die
Tiefe und bis in den
Himmel eine Mauer,

Und an vielen
Stellen setzte man ein
Schauglas ein.

Draußen sah man, dass die
Männer sich an einem freien, halben
Brückenende mühten,
Der stand über einer
Meeresenge,
Und es tastete hinüber, sich dort
Endlich auf der andren
Seite abzufangen,
Und dort drüben saß die
Künstlerin, die wartete schon auf den
Augenblick in der Berührung,
Und sie wusste nicht, dass die
Berechnung diesem Bogen ihren
Kopf und Körper nur als
Stütze geben konnte.

Aufschläge 6613 - 6615

Nun sah ich in der
Galerie ein
Eigenbild von dir,
Es zeigte dich vor einem
Stubenfenster,
Und der
Frost und Eiseskälte krochen grün
Und selbstverständlich durch das
Glas zu dir,
Sie überzogen auch die
Heizung, die sich unter einer
Fensterbank verbarg und krochen deinen
Wintermantel hoch
Und weiter hoch an deiner
Stirn und übers Haupthaar,
Und sie überzogen selbst den

Schatten, der vermochte nicht zu fliehen,
Und dein Blick war innerlich
Und suchte einen
Rest von Wärme,
Der stand außerhalb
Und fand den
Weg nicht ins
Gemälde.

Vor dem andren
Fenster saß die junge Frau,
Sie trug ihr langes
Haar ganz offen, das ergoss sich über das
Gesicht,
Und jede Einzelheit zerfloss mit diesem Strom,
Es schmolzen
Mund und Nase,
Wange, Augen, Ohren in die
Hände, die darunter lagen,
Und sie retteten ja nichts,
Und trostlos war der Trost den ich ihr brachte,
Und ich kam verspätet über
Jahre.

Draußen, wo die
Giftgaskatastrophe wütete,
War niemand der
Gesichter sammelte,
Und jede
Materialstruktur, die sonst die
Schuld nachwies, blieb aus,
Auch war der
Schock für Maler hinter Glas so groß,
Dass ihre Scheiben barsten,
Jeder stand von einem
Atemzug zum andren vor der
Schreckwahl zwischen
Giftgas- und Erstickungstod.

Aufschläge 6616 - 6618

Ich war so froh und sah, dass meine
Wirklichkeit nun doch nicht wirklich war
Und suchte trotzdem nach
Beweisen,
Und ich hatte einen
Traum zum zweiten Mal geträumt,
Darin war ich ein
Mörder, der allein von seinem
Totschlag wusste,
Und man sagte mir im Schlaf:
„Du hast getötet,
Und du bist der einzige, der davon weiß,“
Und hinter einem übergroßen
Stein sollt auch das Opfer liegen,
Und ich ging nicht hin
Und sah nicht nach
Und floh davor
Und war mir ganz gewiss in meiner
Gräueltat und sprach zu mir im Wachen:
„Ja, du hast getötet,
Und...“

Plötzlich kamen lange
Tage ohne
Anfang, ohne Ende,
Und man schenkte mir die
Zeit, ich konnte damit machen, was ich wollte,
Und es trat nichts auf, das stören konnte,
Kein Bedürfnis kam nach
Essen, Trinken, einem Menschen,
Nicht nach
Räumlichkeiten, nicht nach Gegenständen,
Und es trug mich eine ungeheure
Leichtigkeit,
Die artete so aus in mir, dass ich nach einem
Spaten griff und ihre weißen
Wurzeln, die nichts taugten,

Abstach,
Und man fragte mich genüsslich,
Ob ich alles hatte haben können, was ein
Mensch braucht, wenn er nicht braucht,
Was er alles haben kann.

Drüben stand ein
Mann, der war in Arbeit,
Und er zog schon tagelang ein
Seil endlos aus großer Tiefe,
Und ich ging zu ihm und war im
Schrecken über ihn und schaute, so wie er, ins
Loch und sah das freie Ende,
Und er nahm mich wahr
Und machte mich sofort zum
Publikum für seine
Pantomime.

Aufschläge 6619 - 6621

Man fand dich hinter
Fernzuggleisen,
Und du warst so sonderbar verändert,
Aus den
Augen las ich eine
Sehnsucht, die war tief in dir,
Sie kehrte nicht zurück,
Erst die
Geräte, die wir an dich legten,
Brachten uns Gewissheit:
Nein, du hattest keinen
Leibesschaden,
Und du warst gesund
Und hattest alles wohlgeordnet,
Und du warst an diesem
Bahndamm nur erstickt an einer
Hoffnung.

Irgendjemand sagte auch:
„In mir sprach gestern eine
Stimme, die war deutlich,
Und ich hörte jedes Wort,"
Wir andren sahen uns betroffen an,
Und jeder, der hier stand,
Tat immer nur nach seiner inn'ren
Stimme,
Und man schlug uns so als
Gruppenbild in Stein,
Und niemand von uns regte sich,
Wir lauschten wieder jahrelang auf
Worte aus der
Tiefe.

Nein, mein
Abschied sollte uns nicht trennen,
Und du gabst mir nach,
Wir gaben uns einander ein
Versprechen,
Und es sollte jeder vor dem
Abschied sich dem anderen
Noch einmal anvertrauen,
Und wir würden eine
Trennung machen,
Ohne uns zu trennen.

Aufschläge 6622 - 6624

Du sahst zu und ich,
Wir blickten beide auf das
Wellenheben, Wellensenken draußen auf dem
Meer,
Wir lernten uns dort draußen kennen, als die
Möwe aufstieg und der
Wellenkamm sich unter ihr mit anhob
Und nicht nachließ,
Und die

Wassertropfen hatten nicht Gelegenheit zu fallen,
So sehr stieg das Meer an,
Flug und Spiel und Flucht und Jagd erkannten wir als eins,
Auch bat ich hinter mir die
Frühlingsblume mir zu helfen gegen die zerstörte
Stadt und gegen ihre
Mauern, die ich nicht errichten wollte
Sondern ich tat alles,
Um sie einzureißen.

In den
Dünen waren schmale
Pfade zwischen scharfem
Gras, das war im
Sonnenlicht und gläsern grün,
Und in
Berührung brach es ab
Und stach und schnitt ins Fleisch,
Der Dünensand verriet sich unter meinen
Füßen aus zertret'nen Gräsern, die sich unentwegt
Bewegten,
Und sie rieselten durch meine
Hände,
Und ich drückte meine
Wange gegen deine,
Und es blieb kein
Abdruck, alles floss nach unten,
Talwärts an der
Trichterwand,
Es reichte, mit dem
Finger irgendwo hineinzustoßen
Oder mit dem
Fingernagel diese
Haut zu ritzen.

In einer
Landung wurde auch der
Boden unter unsren Füßen fort gezogen,
Und wir fielen durch,

Und eigentlich wär es doch
Umgekehrt natürlich und verständlich,
Und ein
Aufschlag fand nicht statt.

Aufschläge 6625 - 6627

Hinter mir tat sich der
Boden auf und vor mir stand die
Leiter, die in eine unbekannte
Höhe reichte,
Und ich wusste nicht, wo sie mir enden würde,
Und ein
Rückweg von dort oben
Blieb auch ausgeschlossen,
Und der
Vorwurf, den ich hörte,
Wurde immer größer,
Ja, er türmte sich bis in die ersten
Sprossen,
Und ich warf ihn hinter mir gleich in die
Spalte,
Und die Leiter stieß ich um,
Und ausweglos sei alles, was ich ohne fremde
Hilfe machte,
Und ich hörte nicht darauf.

Den
Mantel, den ich trug, hatt ich mir
Selbst gewebt aus dünnen
Drähten,
Und er war die
Rüstung, die ich brauchte,
Und die spitzen
Enden, die sich manchmal daraus lösten,
Stachen mich,
Ich wollte auch den
Schmerz um mich herum ertragen,

Und ich ahnte, dass er seine eignen
Räumlichkeiten brauchte.

Manchmal machte ich
Geschenke,
Die nahm ich aus mir,
Von denen trennte ich mich schweren
Herzens,
Ich behandelte auch die
Empfänger so, als müsste ich sie strafen
Und war freundlich, herzlich,
Und ich überraschte sie
Und ging verloren.

Aufschläge 6628 - 6630

Ich saß vor einem
Wachslicht, das stand auf dem
Tisch,
Die kleine
Flamme leckte sich die
Zunge rot und gelb
Und langte hoch hinauf
Und riss entzwei und teilte sich,
Und brennend floss sie schließlich über ihren
Kerzenrand und schoss herab,
Und nie zuvor sah ich, dass eine
Flamme übersprang und ihre
Flüssigkeit zurückließ,
Und ich war nicht hergekommen, um in
Schmeichelei zu leben,
Um zu spielen mit den
Möglichkeiten, sondern die
Struktur wollt ich verändern,
Und es war mir recht, wenn
Blaues, kaltes Licht mich in dem
Eistanz überzog und weithin leuchten ließ
Und nichts erwärmte.

Wir gingen zu der
Hütte, die war neu mit gelbem
Stroh in Bündeln zu belegen,
Und wir kamen jährlich einmal,
Und es war nun gute
Zeit,
Der Mensch war jetzt viel undurchsichtiger
Ging er ganz ohne
Haut,
Und ich verbot es dir darum, dich zu entblößen,
Und ich war bereit, mit dir, so nackt wir werden konnten,
In die Spiegel einzutauchen,
Die bestanden aus der blanken
Oberfläche eines Schwermetalles,
Das war nicht erhitzt und trotzdem flüssig,
Und sie ließ uns einfach
Durch.

Die
Hintertür stand offen,
Ich ging unbedacht und ohne
Argwohn darauf zu,
Und kurz davor versagten meine
Beine,
Und ich fiel zu Boden,
Niemand hatte mir von dieser
Tür gesagt, dass sie ein
Hintereingang sei,
Und niemals wollte ich
Verrat an irgendjemandem begehen,
Und man hob mich an
Und trug mich um so schneller in das
Haus.

Aufschläge 6631 - 6633

Von draußen sah ich schon,
Es standen deine beiden
Stühle immer noch im Fenster,
Je zwei
Beine bohrten sich durchs Glas, die
Rückenlehnen hatten ihre
Hälse selbst entlassnen
Schreien nachgereckt,
Die stiegen weiter hoch, die
Hälse blieben starr gestreckt,
Und drinnen standen wir davor,
Es war ja nichts zum Niedersetzen,
Und der
Boden war zu schade,
Man entdeckte unter ihm die große Schleife,
Mochte sein, dass sie in
Wahrheit unterirdisch war.

Über deine
Tasse wuchs ein Pelz,
Ich trank daraus und fasste nach der
Schlange, Löffel, führte sie zum Mund,
Sie wand sich sehr in meinen Händen,
Und ich gab sie dir zurück
Und küsste nur die
Gabel, dort wo ihre
Zinken ineinander liefen,
Und du wurdest rot in dem
Gesicht,
Ich wollte dich nicht kränken.

Später schaltete ich eine
Lampe ein,
Man konnte so die
Nacht viel besser sehen,
Und sie stand als körpergroße
Schachtel in dem Raum,

Sie war ganz leicht und ließ sich
Heben und bewegen,
Und ich stellte sie für noch zwei
Stunden an die Wand,
Bis jetzt war nirgendwo ein
Einstieg,
Und ich würde lange mit ihr ringen müssen.

Aufschläge 6634 - 6636

Die
Gärten waren endlos satt,
Die
Gräser hingen schwer zu Boden,
Und im kleinen
Auenhain berührten sich die
Birkenzweige, stießen aneinander,
Und ich ging vorbei und suchte diese eine
Stelle, wo sich unterirdisch eine
Wärme sammeln sollte, wo sie sich
Vergraben haben sollte, ohne fremde Hilfe,
Und ich wollt sie sehen, mochte noch nicht glauben, dass sie
Anfassbar und vorzeigbar und übertragbar war
Und setzte meinen Spaten
Irgendwo und sinnlos in die Üppigkeit
Und stach so tief ich konnte,
Und mit beiden
Füßen balancierte ich auf dem
Metallrand.

Türen, die in unsrem Wege standen,
Schlossen hinter jedem automatisch,
Und sie schnitten die
Gedanken ab, dass ich mich umsah,
Und von vorne tastete ein
Lichtstrahl nach Entgegenkommenden,
Die lösten eine andere Mechanik aus,
Die knüpfte an an das

Gewebe schließender und ungeöffneter
Begebenheiten,
Und ich lehnte
Teller ab, die heimlich Durchgangstore hatten,
Löffel, die im Boden Fenster trugen,
Und auch Gabeln, die mit
Schwimmhaut überzogen waren.

Am Tage fiel ich auf die Knie und betete
Und sah mich um
Und wollte nicht entdeckt sein,
Und ich betete, dort, wo ich länger lebte, stärker
Als zu jener andren
Zeit, wo mir das Leben fern war,
Und versteckte mich in einem
Kleiderschrank, den konnte ich von
Innen schließen,
Und ich sah mich nicht.

Aufschläge 6637 - 6639

Ich setzte mich erschöpft zu einer
Gruppe Wartender, die hockten vor dem
Pappplakat, das demonstrierte uns von dort
So nah es konnte,
Und die
Leute sahen nichts, es war in
Wahrheit eigentlich ein übergroßer
Spiegel, ein Theater, das wir selber spielten,
Und ich lenkte mich ein wenig ab
Und bastelte an einer Puppenbühne, die sich keine
Sorgen machte um ein
Publikum,
Und eine Handlung würd ich schnell
Erfinden.

Wir wohnten in dem hohen
Haus und lebten dort als

Käfertiere in dem toten Baum,
Der uns ertrug und der uns jede nur erdenkliche
Geschäftigkeit erlaubte,
Und ich selbst nahm einen
Schleichweg bis in seine blätterlose
Krone, die ließ einen Ausblick zu,
Und zwischen diesem
Dach und hohen Wolken war ein
Zwischenraum, dass ich erstaunte.

Irgendwie geriet ich dann in eine
Festung, die war tief in ein
Gebirge eingesprengt,
Und an der stillsten
Stelle, weit im Innern,
Hörte man tagaus, tagein den
Herzschlag aus der Dunkelheit,
Der ließ nicht nach
Und kam aus diesen Felsen, ohne dass man ihn
Lokalisieren konnte.

Aufschläge 6640 - 6642

In meiner Not, denn irgendjemand
Schlug mit irgendetwas auf mich ein,
In meiner Not, fiel ich kopfüber an den
Holzzaun, der war auch ein Sichtschutz,
Und er half mir nicht und riss im
Aufprall etwas ein, das gab den
Ausblick frei auf eine völlig andre
Welt,
Ich sollte eine Antwort geben,
Sollte sagen, ob die Welt, die sich
Von sich aus angekündigt hatte,
Schon zu sehen sei,
Und was ich sah, war mir so nah,
Ich wagte nicht, es meinen
Peinigern zu zeigen,

Und die aufgedrückten Hölzer
Sprangen wieder zu.

Ich griff ganz seltsam ruhig in mein
Haar, das fand ich brüchig feucht,
Und mit den
Händen stieg auch der
Verdacht nach oben,
Und die
Kopfhaut würde schrecklich bluten, risse sie erst ein,
Und ungewollt bemerkte ich, dass kaum ein
Schmerz sich halten konnte,
Und mein
Weib war sehr geschickt mit
Garn und Nadel,
Und sie müsste mir den
Einriss nähen,
Und ihr
Einstich, würde ich ihr sagen,
Könnt nicht anders sein als der in reine
Seide.

Rot war meine
Hand,
Und ihren Abdruck hatte ich wohl zehnmal auf den
Teppich und das Tuch auf unsrem Tisch gesetzt,
Und immer wieder ließ
Unglauben mich ins Stempelkissen greifen,
Und die Farbe hinterließ von mir
Und von sonst niemandem, den
Fingerabdruck.

Aufschläge 6643 - 6645

Ich saß vor meinem
Fenster und bewachte einen
Regen, der stieg auf in dunkle
Wolkenfelder,
Und ich wachte über sein
Entrinnen, das nicht aufzuhalten war,
Und diesmal brach die
Erde auf und gab die
Wassertropfen frei,
Ich sah sie draußen sich in
Pfützen sammeln,
Und an mir vorbei begann die Flucht,
Ich ging zur
Tür und schaute nach und wollte wissen,
Ob man über mich genauso sinnlos wachte,
Ich erinnerte mich auch noch an ein
Vogelnest, das mochte nun wohl leersteh'n.

Als ich meinen
Blindenstab nur für Sekunden in die
Erde stach, um meine
Hände frei zu haben, um nur einmal die
Gebärde eines Schauenden zu machen,
Als ich meinen
Blindenstock so blind vertraute, wuchs er an
Und war doch aus
Metall,
Die Wurzeln hatten sich sofort als
Draht im
Unterirdischen verschlungen,
Und sie waren nicht zu lösen,
Ich studierte sie genau
Und alles sah ich gut
Und sah auch, dass der
Stab sich gelb verfärbte,
Und er wurde mir zur
Richtschnur, der ich folgen musste,

Und ich hatte ihr zu trauen.

Deine
Sätze waren gut, so sagtest du zum
Beispiel, ob nicht meine
Lügen meine Wahrheit wären,
Und du hattest sie in deiner Tasche,
Und du klimpertest mit ihnen, dass ich hörte,
Wie sie sich an dir vermehrten,
Und sie mussten so ja aneinander schlagen
Und zerbrechen.

Aufschläge 6646 - 6648

Es war wohl eine große
Freude, die dich rührte,
Deine
Worte trugen kein Gesicht,
Sie waren viel zu hell beleuchtet,
Und dein
Lachen stolperte und überschlug sich
Und fiel beinah hin,
Und meine
Arme streckte ich nun aus nach dir
Und wollte alles retten, was so froh begonnen hatte,
Und ich spürte dieses
Stechen, das vom Herzen kam
Und sich in meine linke
Seite flüchtete,
Und neben mir erschien ein neuer Schmerz,
Viel größer als der meine,
Und er kümmerte sich nicht um mich,
Und seine
Augen waren ganz auf dich gerichtet.

Später las ich meine eignen
Worte in der Zeitung,
Und ich rief dort an und fragte nach

Und bat um
Auskunft, wann und wo es sich ereignet habe,
Und man sagte mir, genau vor meinem
Mund hätt man gegraben,
Und die
Worte seien wirklich schon zwei
Tage alt und trotzdem übermäßig gut erhalten,
Und man habe sie geputzt,
Und wollt sie nur in meinem
Sinn gebrauchen,
Und ich grub nun selbst,
Und ich entdeckte einen ganzen
Hügel ungesproch'ner Worte,
Der lag gar nicht tief
Und war verdeckt von einem dünnen
Sinn, der riss sofort entzwei.

Man gab mir recht
Und dieses
Recht an einen Handwerksmeister,
Der besaß das
Werkzeug, das war gut genug,
Es sichtbar zu gestalten,
Und ich war so froh
Und hörte eine alte Rede,
Danach war das
Recht ja immer schon ein
Todesurteil, das man einfach aus den
Händen gab
Und weiterreichte.

Aufschläge 6649 - 6651

Als ich heute früh erwachte,
Türmten sich an meinem Bett
Zerbroch'nes Gut und Müll und
Fortgeworf'nes Zeug, das mir noch sehr
Bekannt war,
Und ich sah nach dir
Und konnte nichts erklären,
Und du sagtest unter
Gähnen, auch die
Überreste meiner Träume hätten einen Sinn,
Ich würde ihn wohl zwischen diesen
Gegenständen finden,
Und ich müsste mich beeilen, denn die
Träume würden viel zu schnell verschwinden,
Und es schmolz der
Berg vor meinen
Augen, dass ich ihn vergaß.

Die
Hauswand war aus stumpfem
Klinkerstein, die zog sich neben dem
Spaziergang hin, ein rotes
Tuch, das sich in kleine
Felder teilte,
Und in mir entstand auf jedem
Rechteck die Erinnerung an einen
Tag, der nicht begann,
Ich dachte lange, lange nach,
Und spät am
Abend endete die Mauer erst,
Und zwischen allen
Steinen stand ich plötzlich vor dem
Eingang, der war schon
Verschlossen.

Auf der andren
Straßenseite brachen

Diebe in ein Fahrzeug ein,
Und sie entdeckten mich
Und kamen auf mich zu
Und schnitten mir, um meine
Aufmerksamkeit zu zerstören, die
Verbindungsdrähte durch,
Und später reparierte man vergeblich meinen
Schaden,
Und ich konnte mich an nichts erinnern.

Aufschläge 6652 - 6645

An dem
Wintermorgen goss sich wärmend gelb die frühe
Sonne in mein Zimmer,
Und die weiße
Kappe schmolz mir ab vom Kopf,
Ich stand im
Wachstum einer Wohligkeit, die an mir kletterte,
Ich wollte nichts mehr wissen von dem
Inhalt eines
Buches, dessen Zeilen überblendete die helle
Kraft,
Die Seiten waren plötzlich unbeschrieben,
Und so war es recht, denn alles, was bestehen wollte,
Musste existieren,
Und ich hatte auch gehört, dass man die
Liebe lernen musste,
Und sie war nicht leicht, nur weil sie uns
Beflügelte.

Sonst traf mich keine
Schuld, denn
Schuld war mir genauso wichtig wie die
Unschuld,
Und ich musste immer gegenwärtig sein, aus diesem
Grunde angeklagt zu werden,
Und ich suchte mir ein stilles

Plätzchen, nur für mich allein,
Und mühte mich in einer menschenvollen
Straße zwischen all den
Füßen Sauberkeit zu halten
Und verbot es mir, nach denen, die den
Abfall fallen ließen,
Aufzuschauen.

Früher warf ich jeden
Abfall fort und fühlte mich danach befreit,
Und heute musste ich die
Trennung vorbereiten,
Alles wurde liebevoll von mir sortiert und aufbereitet,
Und ich musste jedem
Teilchen die Erinnerung entwenden
Und mich richtig von ihm trennen,
Ehe ich mich fortwarf.

Aufschläge 6655 - 6657

Es war ein wunderbarer
Augenblick, als ich entdeckte, dass die
Kette, die mich jahrelang am
Hals geschnürt und festgehalten hatte, nicht aus
Eisen war,
Ich biss sie durch, riss sie in
Stücke,
Und sie wurde meine
Speise,
Und mein Lächeln spannte ich in stramme
Bänder, dass es blieb
Und sich nicht regen konnte,
Und die
Jahre, die vergangen waren, hatte ich in meinem
Magen,
Und ich wollte nichts davon verdauen.

Du maltest zwei
Gesichter ineinander,
Und es sollte, sagtest du, nur eines sein,
Vielleicht von einer
Frau, vielleicht von einem Mann,
Vielleicht auch jeweils nur die
Hälfte, die so ineinander fielen,
Und ich lief in meiner
Wohnung hin und her und stieß mich hart an
Gegenstände, die im
Wege standen,
Meine Frau erkannte dann, mich träfe die
Gefangenschaft des wilden
Tieres viel zu schwer, und ließ mich durch
Und auf die
Straße eilen,
Und die
Fährte führte in die Irre.

Es war ein kleiner
Wald in dem ich nachts ein
Lichtlein fand, das stand im
Raum, das war kaum größer als die
Kerzenflamme,
Es war rund und gläsern
Und nicht gegenständlich,
Und ich konnte es umgehen,
Und es sprach kein Wort,
Es konnte nur der
Schnittpunkt zweier Strahlen sein,
Die sich so günstig überlagerten,
Der eine musste mir entstammen,
Und der andere stand immer auf der andren
Seite.

Aufschläge 6658 - 6660

Weit entfernt sah ich mir zu,
Auf meinem
Kopfhaar standen blaue Flammen,
Und es war mir kalt,
Ein
Bote brachte eine
Nachricht von dort drüben,
Und ich sah ihn gut
Und sah auch, dass er nicht voran kam,
Dass er stecken blieb in irgendeiner
Zähigkeit, die lag im
Weg,
Ich schlug die
Hände vors Gesicht,
Ein
Zaun aus Eis fiel mir auf meine Augen,
Und er fing nicht an zu schmelzen,
Und das kalte
Gitter formte sich schon unter meiner
Haut,
Ich sollte doch, so sagte jemand, auch ein wenig
Unterhaltsam sein
Und nicht den andren alles überlassen.

Hier im
Wohnhaus ordnete sich eine
Ordnung von alleine,
Ich bemerkte nichts von ihr
Und wohnte dort sehr lange ohne
Unterbrechung,
Und als ich nach meinem
Suchen endlich heimfand,
Wollte man mir alles vorbereiten wie ich es
Wohl gerne hätte,
Und man schlug das
Wohnhaus ein und riss das
Dach von meinem

Kopf und legte es in einen fremden
Garten,
Und die
Balken starrten aus dem
Grätenfisch und stachen durch die
Schuppenhaut nach außen.

Man verstand nicht, dass ich vor dem
Essen aufstand, mich bedankte, ging
Und vor den
Augen aller so im
Mundraub lebte,
Und man konnte mich deswegen nicht
Bestrafen.

Aufschläge 6661 - 6663

Viel zu schnell vergaß ich viel zu viel,
Auch hielt ich nachts den
Mond für eine Sonne,
Und er schien mir hell genug,
Er zeigte alles, was es hier zu sehen gab,
Und warum sollt ich nicht zum
Nachtgetier gehören,
Und ich ging in einen
Wald,
Von einem
Ast zog ich die Rinde ab
Und aß die weiße Schicht dazwischen,
Nährte mich auf diese Weise,
Und ein
Nachtbild zeigte mir wie meine
Sinne sich nach außen stülpten,
Meine Ohren wurden groß,
Und meine Augen standen weit hervor,
Und an den
Händen wuchsen ganz natürlich lange
Krallen.

Heimlich machte ich auch tags die
Bilder,
Und es gab die
Technik, die den
Schall wie Licht fest hielt,
Ich sah genau, dass sich tagsüber große
Ohren bildeten
Und Zähne standen dort heraus,
Die fraßen unersättlich
Und ernährten sich von
Schwebeteilchen, die man sonst nicht sah,
Und ganze
Menschenscharen machten sich zum
Futter,
Und ich stand dazwischen
Und gab acht auf mich
Und nährte mich von den Geräuschen.

Gut war, dass ich alles viel zu schnell vergaß,
Und als ich mir begegnete, erkannte ich mich nicht
Und fragte mich nach einem
Unterschied von Sonne und dem Mond,
Der war fast völlig unbekannt
Und auch, warum man früher
Porzellan vor einer
Brauttür niederwarf, dass es zerbrach und polterte,
Konnt niemand mehr erklären.

Aufschläge 6664 - 6666

Ich las auf einem
Stein, der lag weit sichtbar auf der Wiese,
Und die
Schrift, vergoldet, blank:
„Vorübergehend tot," stand dort,
Mehr nicht, kein
Name und kein Hinweis,

Und es mochte schließlich sein,
Dass damit nicht die
Toten angesprochen waren,
Sondern jeder, der vorüber ging,
Ich war vielleicht auf
Urlaub hier und ahnte nichts davon
Und wanderte auf einem
Trampelpfad, der seitlich an der
Straße lief und ging auf der verkehrten
Seite.

Viele lagen schon in fremder
Erde,
Und sie sehnten sich in ihre
Heimat,
Und man konnte gar nichts für sie tun,
Und irgendwo ging immerzu
Die neu entstandne
Sprache ohne Vorankündigung verloren,
Und der
Winzling, der den letzten Riesen tötete,
Wurd selbst zum Größten,
Der sich umsah nach den Kleineren.

Einer eines ganzen
Volkes war noch übrig,
Und man ließ ihn sprechen,
Und er sprach in ein
Gerät, das alles, was er sagte, aufnahm,
Und er war ja unverstanden und erschöpfte sich
Und starb und hatte gleich zu
Anfang die Funktion des
Instrumentes heimlich ausgeschaltet,
Und man glaubte hinterher zu Recht, das
Schweigen, das man hörte,
Habe etwas zu bedeuten,
Und man lauschte
Angestrengt.

Aufschläge 6667 - 6669

Ich ritzte mir versehentlich die
Haut an einer winzig kleinen, scharfen
Kante,
Und es war ein zarter
Spalt, der sich sofort mit einer roten
Kordel gürtete,
Und auch die
Kinderlieder konnte ich erinnern,
Und es perlte schön das Blut,
Es hieß ja irgendwo in einem
Märchen, dass ein
Tropfen davon reichte, sich die
Seligkeiten zu erkaufen,
Und ich sah mich um und bot es an,
Und niemand zeigte irgendein
Int'resse,
Und die dunklen
Perlen nahm ich ab
Und zog sie auf und warf sie in ein
Glas, das war gefüllt mit klarem
Wasser,
Und ich blickte ganz genau hinein,
Verfolgte auch die rosa
Fäden, die sich lösten,
Schwerelos dort schwebten
Und nicht niedersanken.

Draußen fand ich diese
Bilder wieder:
Haut und Borke,
Ritz und Spalte,
Blut und Harz und
Perle, Bernstein,
Und die
Kette hing nun doch um deinen Hals,
Du ließt sie dir nicht nehmen,
Und ich wollte deine schweren

Wunden reinigen und dann verbinden,
Und du wehrtest dich,
Und niemand dürfe diese
Spur, die endlich aus dir trete,
Keimfrei machen.

Du zeigtest den
Entwurf, ein
Umschlag, den du für ein
Bilderbuch verwenden wolltest,
Und im
Deckel war ein großes
Loch,
Und das begann, fing man zu lesen an,
Sich durch das ganze
Buch zu fressen,
Und im
Boden kehrte es sich um
Und schloss sich rückwärts wieder bis zum
Anfang,
Und es lebten viele im Exil
Und ahnten nichts davon.

Aufschläge 6670 - 6672

Ich sah hinaus ins
Nachtrund um mich her, ein
Vielweg stieß ins
Unermessliche, in fernste Zeiten,
Deren Schatten konnte ich nicht sehen,
Und ich stand doch mitten drin,
Und mir begegneten die
Samen meiner Gegenwart,
Die suchten nach dem
Unterschlupf.

Im
Augenfeld der Übermacht und Winzigkeit,
Die ich beträumte, blieb mein
Blick im
Spiel der Sterne, die mich um sich drehten, stehen,
Und es war nicht mehr als die
Sekunde der Entdeckung eines
Atems in der kalten Luft der Nacht.

Dann rührte mich das
Licht aus fernen Zeiten,
Und es gab mir Zuversicht,
Und es verlangte meinen ganzen
Mut und meine kleine
Tapferkeit,
Und ich bedachte, dass nach mir
Die anderen drüber lachen mochten,
Ohne mich gekannt zu haben.

Aufschläge 6673 - 6675

Ich trug nur einen
Schuh, den andren hatte ich zerstört,
Und draußen war es kalt,
Und Schnee lag überall,
Die schrägen
Dächer hielten krampfhaft fest an ihrer Last,
Ich ging hinaus und litt nach kurzer
Zeit schon große Schmerzen,
Dann erstarb mein
Fuß, mein Bein wurd hölzern bis zum Knie,
Ich hörte eine
Mutter, die mir zusah, ihrem
Kind erklären:
„So zerstört sich einer selbst, der eine andre
Schönheit sucht,
Er könnt auf einem seiner
Beine springen oder warum nimmt er keine

Krücke,"
Und: „Auf diese Weise wird er nichts Besonderes entdecken,"
Und ich wusste, dass es in den fernen
Ländern Liebeslieder gab,
Die würd ich nie verstehen können
Und doch gerne hören.

Wir hatten uns gefunden und entdeckt,
Und als du tot warst, hatte ich dir deine
Beine in den Baum gehängt,
Dich in den
Nasenlöchern und am
Mund gekitzelt und dein
Herz massiert, bis es mir fast davon gesprungen wäre,
Und nun leben wir so einfach
Voreinander.

Schönheit, sagte ich, sei nur ein
Gegenüber, nicht das
Gegenteil,
Und das du töten konntest,
War nichts wert,
Doch, dass du es nicht tat'st wie ich
Und wie der schwere
Stein, der fest am Boden lag,
Das machte dich besonders,
Und wir fassten unsre
Hände, als die
Katastrophe über uns hereinbrach,
Und der
Stein war nur, wie wir erkannten, der
Verschluss gewesen,
Und er flog nun fort
Und legte sich woanders
Nieder.

Aufschläge 6676 - 6678

So stieß ich auf das
Unvollendete,
Und jemand sagte mir, dies sei ein
Teil der großen
Kunst, er sagte auch, dass jeder
Inhalt nur noch existiere wegen seiner
Unvollkommenheit, das wäre seine
Basis, ohne Gutes von dem Bösen oder
Schönes von dem Hässlichen zu trennen,
Und die Eisenschienen schwerer
Züge lagen so im Frost,
Dass Räder nicht drauf rollen konnten
Sondern dass sie Abstand hielten,
Und sie drehten sich im leeren
Zwischenraum, der war aus harter
Eisenkälte,
Und wir kamen nicht voran.

Aus den feinen
Nadeln hörte ich
Gespräche weit entfernter Menschen,
Und sie mochten wohl ein
Land erleben, wo man feinen
Nadeln die Gedanken übertrug,
Und hier vom
Fenster strich ein kühler
Windzug über meine Stirn,
Ich musste wirklich mehr an meine
Nähe als an meine
Ferne denken.

Irgendwo geschah ein
Diebstahl,
Und man hörte, dass der
Dieb sich selbst das eigne
Gut gestohlen hatte,
Und man wusste nicht warum

Und konnte ihn nicht strafen,
Und er schadete ja niemandem,
Und mir verriet er heimlich,
Dass er einen
Mord an seinem Körper plane,
Den er überleben wollte,
Und der
Diebstahl sei für ihn schon eine erste
Warnung, die er sich zu
Herzen nehme.

Aufschläge 6679 - 6681

Du sagtest gleich, dass
Worte Bilder sein,
Und jedes
Fremdwort sei gemalt aus
Farben, die wir kannten,
Und ich sprach mit dir und
Du mit mir und unsre
Worte mischten sich und es entstand ein
Wortgemälde,
Daran schafften wir zur gleichen
Zeit,
Es wusste keiner etwas von dem anderen,
Wir schufen völlig neue
Töne aus der Überlagerung,
Und ich erzählte,
Dass ich meinen
Körper in der letzten Nacht auf frischer
Zugeschneiter Wiese malen ließ,
Und alles wurde sichtbar unter hellem
Mondlicht,
Und ich malte ohne
Farben, nur mit
Schatten, die ich in den
Neuschnee drückte.

Es hing an deinem
Hals ein Kettchen, daran schaukelte ein kleines
Schnitzwerk, das warf seinen
Schatten auf die Haut,
Ich malte jedes
Wort getreu nach seinen
Buchstaben und achtete darauf, dass sich die
Kettchen zwischen ihnen
Nicht mehr lösen konnten.

So trug ich oft ein
Kettenhemd, ein
Wortgeflecht, dass sich in meinem
Kopf gebildet hatte,
Schnitt es von der
Mitte nach dem Muster einer
Wendeltreppe auf,
Die war nun unbeleuchtet,
Und ich tastete nach jeder
Stufe,
Und es führte mich ein unsichtbarer
Handlauf.

Aufschläge 6682 - 6684

Alles, was ich hörte, was ich sah und
Schlimmes, schlenderte an mir vorbei,
Und
Schreckliches bekriegte sich,
Ja, alles, was ich sah,
Ich sah auch wie das
Kind auf einem Kinderfest dem andren
Kind versehentlich die
Gabel in das Auge stieß,
Ja, alles, was ich sah und roch,
Und deine
Hände schmiegten sich, gesalbt, gepflegt als
Samthandschuh um mein

Gesicht und glitten ab als
Schlitten über meine Haut,
Ja, alles also, was ich sah und hörte,
Roch und fühlte, ohne es zu sehen,
Hinzuhören, ohne es zu riechen und zu fühlen,
Alles, alles war die
Poesie der Gegenwart,
Und voller
Gegenwart war ihre Poesie.

Dein
Frauenhaar hing tief in mein Gesicht,
Ich lag ja unter dir,
Und meine
Zunge spuckte heimlich diese dünnen
Fäden wieder aus,
Auch kämpfte ich mit mir, hineinzubeißen,
Und ich wagte nicht die
Fingermalerei von dir auf meiner
Stirn mit einem Schütteln zu
Verwischen.

In mir schwang die
Angst vor Nüchternheit,
Und irgendjemand zeigte mir ein
Bild, dass er nicht mehr vergessen konnte,
Drüben lag ein
Mensch am Feldrand,
Und sein Leib war offen,
Und die
Därme hingen weit heraus,
Ich fasste mir in meine eigne
Seite, die war warm und weich
Und heil,
Und einer wusste ganz genau, wie hoch die größte
Hitze in der Erde war,
Und die war nicht im Mittelpunkt.

Aufschläge 6685 - 6687

Ich sprang von einem
Felsen,
Und es war der
Anfang meiner Suche,
Und ich sprang ins Meer,
Es sollte mir dies eine
Mal nicht salzig sein,
Es sollte mir die
Liebste zeigen, wenn ich meine
Augen unter Wasser offen halten würde,
Und ich blieb mit einem
Fuß im Fischnetz hängen, dass ich mich in
Panik retten musste,
Und es war ganz leicht, so sagte man mir später,
Mich zu operieren,
Und ich hätte die
Narkose gut vertragen,
Und ich wusste auch,
Ich müsste noch einmal ins Meer,
Man wischte mir danach das
Salz von Lippen und der Stirn.

Einem Freund erging es ähnlich,
Und er war sehr krank geworden
Und lag außerhalb;
Daheim in seinem eignen
Haus verliefen vielbefahr'ne
Schienen, die sich niemals kreuzten,
Und sie brachten immer nur die
Durchfahrt,
Und es war nicht möglich, jetzt von draußen
Weichen einzubauen,
So entfernt war er, mein Freund,
Und seine Haustür kam als einziger
Besucher regelmäßig, täglich zweimal an sein
Krankenlager.

Als die
Sonne nicht mehr schien,
Und als die
Stadt zur Nacht mit ihrem
Licht sich an den Himmel wandte,
Sah ich wie das
Weiß der Möwenvögel, nun in
Eiskristallen, oben stand,
Und sie verglühten unvermutet,
Wenn sie in die langen
Hochgebäude unsichtbarer Schatten
Fielen.

Aufschläge 6688 - 6690

In meine
Hand geriet ein
Eiskristall, das schmolz sehr schnell,
Die
Decke über mir war wasserblau,
Und ohne jede
Wolke fielen aus dem
Stahl der Luft die leichten
Flocken Schnee,
Ich malte in die
Landschaft Wintervögel,
Und sie flogen auf mit völlig weißen
Federn,
Und sie zogen ihre
Kreise über mir,
Und niemals mehr würd ich den
Tiefschwarzvogel in die Bäume setzen,
Und die
Nachtlaternen waren sinnlos,
Wenn sie hoch in
Bäumen brannten und das
Licht nicht bis zum
Boden fand.

In dem
Zimmer wollte ich die
Schachtel öffnen,
Und der
Deckel brach mir ab, der
Inhalt fiel heraus und in die
Spalte, die sich öffneten, weit in die
Erde reichten,
Und ich hatte großes
Glück, dass ich mich noch an einem
Rand festhalten konnte
Und nicht mit versank.

Draußen sah ich kurz zurück,
Vielleicht, dass ich den letzten
Blick auf mein Zuhause werfen wollte,
Ahnte auch vielleicht, dass nichts und
Niemand nach mir winken würde,
Und mit einem
Stein schlug ich den Türgriff ab
Und steckte ihn in meine
Manteltasche und liebkoste ihn
Und wusste ganz genau,
Dass er nur aus
Metall war.

Aufschläge 6691 - 6693

Der neue
Mut verschärfte mir die Flügel,
Und als schneller
Vogel war ich auf der
Jagd nach dir und lauerte mit meinen
Augen hinter einer
Fensterscheibe, bis du kamst,
Und fiel mit drei, vier Schritten ein,
Und du erschrakst,

Und mir entwischte dieser kleine, bunte
Stein in einen Strauch,
Ich schoss ihm nach und spießte
Mich auf einen langen
Schlehdorn auf,
Der gab mich nicht mehr frei,
Von oben rieselte ein wenig
Atem, als ein leichter Schnee auf mich,
Das
Vögelchen verlor sein
Funkeln ganz.

In den engen
Zweigen fand ich Platz,
Der Schnee zog eine Decke über ihn,
Ich sah von außen auf die
Unterseite,
Und die
Sonne stand darauf und leuchtete durch alle
Wasser bis zu mir,
Ich konnte unter dieser
Decke nicht entkommen.

Du hattest meinen
Brief nicht angenommen,
Und er war in meine
Hand geschrieben,
Und ich gab sie dir,
Und es genügte offenbar für dich,
Dass du mir deine reichtest,
Die war unbeschrieben und verdeckte meine
Zeilen ganz beim Händedruck
Und ließ mich so verzweifelt
Unbegrüßt.

Aufschläge 6694 - 6696

Ich ging sonst immer aufrecht,
Und vor
Treppen, auch die abwärts führten,
Ängstigte mich nichts,
Und meine
Neugier wuchs, vor mir zu gehen
Und zu wissen, was wohl vor mir war,
So nahm ich mir das
Hundetier zum Beispiel,
Das ging Kopf voran treppabwärts,
Und ich machte es ihm nach,
Und wirklich war ich eher weiter vorn
Und früher vor mir dort, wohin ich wollte,
Als zu jeder andren Zeit,
Man ließ mich durch
Und machte Platz,
Es fragte niemand, warum ich auf allen
Vieren liefe,
Und ich dachte nach, ob sich die
Antwort darauf hätte finden lassen.

Das zweite
Bild war nur für meine
Ohren, die doch alles
Prüfen sollten, was sich meldete
Und die mir
Antwort geben konnten, wer dort redete
Und wo, vielleicht ja auch warum,
Und diesmal stand der
Schrei, der wahrheitlich geschehen war,
Nur noch im Raum,
Hing mit der ganzen
Schreckensblässe in den Wänden,
Und es waren meine Augen, die mir
Meldung machten,
Die hier alles hörten.

Aus der
Willenlosigkeit des
Augenblicks gewährte man mir einen
Wunsch,
Und ich bestand darauf, nur einmal mit den Augen eines
Nachbarbaumes sehn zu dürfen,
Und ich schwöre es und
Glaubte es mir selber, dass die
Welt, in die wir sehen, auch in
Wahrheit völlig anders ist, von
Baum zu Baum,
Die Bäume hielten sich für das, was ich als
Sonne sah, als Felsen, Flüsse oder
Gras,
Es war ein großes
Weltbild, das sich so
Unsichtbar hielt.

Aufschläge 6697 - 6699

Selbst im
Flug wärst du für
Niemanden mehr zu erreichen,
Und ich sah dir nach,
Sah dich weit über unsrer
Erde, abgekoppelt auf der neuen
Bahn, die zog dich schnell so weit in eine andre
Richtung, und ein
Punkt blieb nur für
Augenblicke sichtbar,
Dann war nichts mehr,
Und die absolute
Ruhe lag mit ihrer
Schwester, Leere, in demselben
Bett,
Sie trieben's arg in meinem
Kopf, ich wischte mir die
Stirn und durft mir keine

Horizonte schaffen,
Und das
Sonnensegel, das ich weit in meinem
Rücken schleppte,
War in Wahrheit keine
Last,
Es zog mich nicht,
Und ich zog nicht an ihm.

Anderntags begegnete ich unvermutet einem
Ding, das sprach mich an
Und fragte mich nach meiner
Sprache, nach dem
Weg, der war nicht auszumachen,
Und es fragte dreimal und verstand mich nicht,
Und lange erst danach
Entschied ich mich zu einer
Umkehr,
Die verlief natürlich in der gleichen
Richtung,
Und ich traf auf nichts.

Die
Tage waren lang und kurz,
Und alles war nun möglich,
Und ein Werkzeug, das ich selten brauchte,
Wurde mir zum
Ausweis,
Und ich ließ mich häufig
Kontrollieren von mir selbst
Und ließ mich tagelang ganz sinnlos warten
Und beschwerte mich bei mir
Und schrieb auch, dass sich gar nichts von der
Stelle rührte, trotz der
Höchstgeschwindigkeit, mit der wir
Reisten.

Aufschläge 6700 - 6702

Ins Weiß der
Zimmerdecke wuchs ein Pilz,
Und dessen
Fäden strahlten aus und zogen sich bis an die
Wand,
Ich wohnte hier und hatte oft
Betrachter meiner Worte,
Und verschiedentlich erfuhren wir
Ein wenig aus dem
Wachstum,
Und ich sagte es fast als
Entschuldigung und gab die
Bindung an das Gegenständliche
Fast völlig auf und hatte zum
Verständnis eine
Taschenlampe, die schoss einen hellen
Lichtfleck an die Decke,
Und ich sagte auch, dass dieser Weg durch
Unruhe zur Ruhe führe.

So hörte ich zum
Beispiel aus dem
Instrument die Schwingungen der
Farben, umgesetzt in Töne,
Und es kam ein blasses
Kind, das setzte sich vor einen seiner
Fühler, wie ihn Käfertiere haben,
Und er tastete die fahlen
Wangen ab nach etwas Wärme,
Und es schwieg das Instrument auf seiner
Suche bis zu einem kümmerlichen
Krächzen, als der Fühler auf das leichte
Rot der Lippen stieß.

Ich selbst war kein
Erfinder,
Und ich hörte ohne

Ohren, sah auch ohne Augen,
Und der
Schwerpunkt meiner Masse hing ganz frei,
Ein
Schlegel in dem Glockenkörper, der auf
Anstoß wartete,
Und stritt mich um das
Amt des Glöckners.

Aufschläge 6703 - 6705

Jeder, der vorbeikam, sollte eines dieser
Fähnlein von dir tragen,
Jedes hing an einem
Stöckchen,
Und es stand ein
Zeichen draufgeschrieben, das dich anwies,
Und es kam ein
Kind gegangen, das trug stolz und ruhig eine fremde
Fahne vor sich her
Und ging auf deinen Stand zu,
Zeigte dir, was es zu tragen hatte,
Und es war nur diese eine Fahne,
Und das
Kind zerschnitt sie,
Zog sich daraus
Segel über seine Arme,
Und es flog davon.

Dein
Frühstückstisch war schon gedeckt,
Und alles war gerichtet,
Und du wachtest auf und saßt auf einem
Stuhl, der stand auf einem
Weg,
Du frorst dort draußen,
Und der Tisch stand quer,
Und jeder müsste hier an dir vorbei

Und viele kamen,
Und sie gingen auch an dir vorbei,
Und du erinnertest dich wirklich an die
Morgende davor.

Dann musstest du das
Haus verlassen,
Und es war dir fremd geblieben,
Und die
Nägel in den Wänden waren bilderlos
Und türenlos die Rahmen,
Und die
Wände hattest du entlassen,
Und das Dach war aufgestiegen, dass es
Einfach fort war,
Und der
Boden unter deinen Füßen sank
Und sank und sank
Und ließ dich nicht mit fallen,
Und die
Wünsche, die du hattest,
Blieben in dem
Zimmer liegen.

Aufschläge 6706 - 6708

Wir sprachen über unsre
Arbeit, die war ruhig,
Und das
Essen, das ich auf den
Löffel legte, fiel herab,
Es fiel direkt vor meinem Mund vom
Löffel, ohne dass ich es verhindern konnte,
Und die
Flüssignahrung, die mich dann am
Leben halten sollte,
Konnte ich nicht schlucken,
Und ich wusste nicht warum,

Dann wollte man die
Nahrung meinem Leib direkt
Zuführen, das verbot ich,
Ich weiß auch nicht mehr warum,
Und schließlich hielt ich meinen
Atem an und kämpfte einen schlimmen
Kampf, den ich sogleich verlor.

Dann dachte ich zu
Ende,
Und am
Ende fand ich einen
Frieden, der war sonderbar
Und gar nicht interessiert an mir
Und hielt sich ganz neutral
Und nahm mich nicht zur Kenntnis,
Und ich hatte mir den
Wanderstab als einziges gerettet,
Und der
Frieden ist in Wahrheit eine reiche
Armut,
Der konnt ich nichts abgewinnen.

Mit
Schrecken dachte ich zurück,
Man hatte mich kopfüber aufgehängt an meinen
Beinen,
Und es kam ein später
Wachmann, der die Runde machte,
Der schnitt mich dort wieder los
Und sprach von dem
Versehen, das ihm hätte auch passieren können,
Und dies war der wahre Schrecken,
Und ich floh in meinem
Zimmer eine ganze
Nacht, bis erste
Stadtlaternen plötzlich schwiegen.

Aufschläge 6709 - 6711

Draußen war es kalt,
Ich lehnte in dem
Hauseingang und wartete und blickte auf das
Straßenpflaster, das brach auf
Und große
Fenster öffneten sich dort,
Es war die
Hauswand, die am
Boden lag, die weiter lebte,
Und die Bilder, die du maltest,
Zeigten die gemordeten, die mordenden
Soldaten,
Und der
Arzt, der zwischen ihnen stand,
Hätt gern die
Glieder, die zerschossen und verstümmelt waren
Und verbrannt und abgerissen,
Hätte gerne heile
Glieder angewendet, ausgetauscht, verpflanzt
Und konnte gar nichts machen.

Am
Bahnhof hatte ich mich nicht entschieden,
Und es fuhren viele
Züge ab und weiter,
Und dem letzten lief ich nach
Und malte mir die
Reise in Gedanken aus
Und sah mich um, dort wo ich stand,
Und hatte meine Wagen abgekoppelt,
Und das
Führerhaus in mir war unbesetzt,
Und zwischen dem
Gepäck stand ein verschnürter
Rollstuhl,
Der war so nicht zu gebrauchen.

Es lag ein armer
Mensch am Weg,
Der war so nicht zu sehen,
Und man sah ihn nicht,
Es stieg der arme
Mensch dann über all die anderen hinweg
Und suchte weiter
Und war nicht zu finden
Unter ihnen.

Aufschläge 6712 - 6714

Vor mir saß ein
Mensch, den kannte ich schon lange,
Und ich fragte ihn nach seinem
Namen und auch nach der
Länge seines Lebens,
Die sei unterschiedlich
Und nicht einfach zu erklären,
Und ich hörte in mir eine
Kapsel brechen,
Und die Flüssigkeit trat aus
Und färbte mich von einem
Augenblick zum anderen
Und ließ mich plötzlich altern,
Und es saß vor mir ein
Mensch, der kannte mich schon lange,
Und er fragte mich nach meinem
Namen, und ich sagte gleich, die
Länge meines Lebens sei sehr unterschiedlich,
Und vor Jahren
Sei ich schon einmal so stark gealtert,
Und der
Irrtum läge schwer auf mir,
Und leider wusst ich niemanden,
Der mich noch kannte.

So entging ich knapp der
Strafe, die ich wohl verdiente,
Und sie musste sich vor mir zurückzieh'n,
Und ich ging nach
Hause und beschimpfte mich
Und warf mir mein Verhalten vor,
Das alles war noch lange nicht das gleiche,
Und entging so nicht der
Strafe und schuf mir
Gerechtigkeit.

Ich stand im
Schneefeld, das war vor mir völlig unberührt,
Und traf auf eine
Fußspur, mittendrin,
Die stammte nicht von mir
Und hatte keinen Anfang,
Und sie führte auch nicht fort,
Und ohne, dass ich diesen fremden
Menschen sah, sprach ich ihn an
Und grüßte ihn und gab ihm ab von meiner
Kleidung,
Und er blieb dort weiter stehen,
Und ich ließ ihn wieder sein.

Aufschläge 6715 - 6717

Aus einem technischen
Gerät in meiner Nähe
Drang ganz menschliche Musik,
Ich ging sofort dorthin
Und sah in jeden
Winkel und ins Instrument und
Hätte gern den
Mund gesehn, der diese
Lieder sang, aus dem sie leicht und
Unbeschwert getragen wurden,
Und der

Apparat war völlig überflüssig,
Und ich folgte dem Gesang,
Und als ich dich dann tröstete,
Ich sah ja, dass du weintest, glühten deine
Wangen vor Erregung,
Und ich hatte alle
Gurte abgelegt, trieb schwerelos davon,
Und du riefst mir nicht nach,
Und jeder wusste von dem
Horizont,
Den durften wir niemals berühren.

Wir richteten den
Tag der Armut ein,
Und man ging aus
Und schmückte alles, was man gern im
Wohlstand sehen würde,
Keiner traute sich an sich zu denken,
Und ich zog mich heimlich aus in meinem
Zimmer und besah die
Beulen, die der
Frost geschlagen hatte
Und verbrannte meine
Kleidung um der
Wärme willen.

Über mir stand eine
Wolke großer, schwarzer Vögel,
Und die
Tiere flogen schwer und schleppten ihren
Leib weit hinter ihren Flügeln,
Und sie kamen nicht voran
Und ließen sich im
Dämmerlicht auf etwas
Unsichtbarem nieder,
Das war auch am andren
Tag, als alles wieder hell war,
Nicht zu sehen.

Aufschläge 6718 - 6720

Wir maßen mit zwei
Stäben, ich mit meinem
Wanderstab die Wege, die ich gehen wollte,
Du mit deinem
Taktstock maßt die
Tongemälde, die du schufst,
Sie standen mir sekundenlang vor Augen,
Du sahst deutlich, dass ich auf sie zuging,
Sagtest auch, man könnte sie nicht näher
Sehen, als so nah, wie sie nun einmal wären,
Und wir fanden beide kein
Ergebnis,
Meine Maße blieben liegen,
Deine lösten sich schon im
Entstehen auf,
Und beide wussten wir nun um das
Maß der wesentlichen Dinge.

Man zeigte mir ein
Hochzeitsbild, das durfte ich behalten,
Und es war sehr ungerecht und war das
Blitzeis, das sich morgens auf die
Straße legte,
Und es würde niemand darauf gehen können,
Und ich schnitt das
Leben dieses Brautpaars,
Seiner Heimatdörfer und das, was die
Gäste sagten, tausendfach entzwei
Und schob die Schnipsel ineinander,
Fügte sie ganz neu zusammen
Und verklebte so den tagelangen
Augenblick, dass man drauf gehen konnte, ohne
Hinzuschlagen.

Später hörte ich, dass man ein
Lexikon erfunden hatte, dass beschrieb für neue
Menschen alle wesentlichen

Dinge, die es jemals gab
Und jemals geben konnte,
Und es war ein dünnes Heftchen,
Das verstanden nur die
Kinder.

Aufschläge 6721 - 6723

Die
Quelle meines Lichtes war nicht hell,
Sie war ein
Riesenstein, der stand am
Himmel, war ein fremder, runder Fels,
Der gab nur wieder, was an ihm
Vorbeigefallen wäre,
War ein
Kinderlied, das heute hohl in meinem
Zimmer abgesungen wurde,
Und sein
Motor sprang nicht an, es fehlten ja die
Kinderohren,
Und mein Herz war noch nicht alt genug dafür,
Und zweimal wöchentlich kam ich zu dir ans
Krankenlager,
Und in meiner Tasche steckten immer dieser lange
Kupfernagel und ein Hammer,
Und ich konnt mich jederzeit damit an eine
Holzwand nageln lassen,
Meine Stirn wär völlig machtlos gegen seine
Spitze.

Es gab tatsächlich schwarze
Strahlen, die wir nicht bemerkten,
Und ihr
Licht durcheilte unsre Augen,
Und ich fand die
Ähnlichkeit mit dir heraus
Und konnte dich doch nicht erkennen,

Und ich ging ja innerlich mit einem
Blindenstock,
Der ragte nicht nach draußen.

Manchmal öffnete ich eines andren
Menschen Kopf,
Und dachte, dass ich mich erinnern würde,
Und ich hatte recht und alles fiel mir ein,
Und jener andere erkannte mich nicht wieder,
Und ich int'ressierte nicht
Und blieb nur ein bewegtes
Leinwandbild,
Das konnte man vergessen und erinnern,
Aber nicht verändern.

Aufschläge 6724 - 6726

Es blieb noch so viel
Zeit, dass ich mich ohne
Eile aus dem Zimmer und in
Sicherheit hätt bringen können,
Und ich sah mich um und jede
Einzelheit genau, es war ein
Abschied ohne Wiederholung,
Und vor meinem
Fenster reckte sich der
Kirchturm in den Himmel, andachtsvolle
Hände, die sich aneinander legten und
Versteinert waren,
Und man hatte mich entsetzt verlassen und stand draußen,
Und in meinem
Zimmer brannte noch das Licht,
Ich konnte mich nicht mehr entscheiden,
Und ich winkte auf die
Straße.

Ich klingelte an deiner
Tür, die war schon auf und ließ mich ein,

Und alles schwieg dort drinnen,
Und ein
Fliegentier floh durch den off'nen Spalt,
Du lagst verstreut in allen
Räumen,
Und es hätt doch auch ein Dieb…,
Ich stieß auf die totale
Leere überall,
Die ließ sich nicht von ihren
Plätzen stehlen.

Drüben las die
Frau in einem dicken Buch,
Sie blätterte nicht eine
Seite um und las
Und las
Und las
Und blickte auch nicht auf,
Und ich schob meinen
Kopf ganz dicht vor ihre Augen,
Und darin war alles leer,
Ich sah hindurch und einfach gegen eine
Rückwand hinter ihr.

Aufschläge 6727 - 6729

Wir erreichten, dass die
Gitter mit ins Weltall flogen,
Und sie zogen später als
Gedankensplitter nur noch in
Erinnerung durch unsere Köpfe,
Und in mir verhakten sich die
Einzelteile,
Und an meinem Himmel wuchs daraus ein
Netz, das wurde immer breiter,
Und ich fragte andere, die sahen auch nach oben,
Und erkannten nichts,
Es habe sich in ihnen aber wie in mir vollzogen,

Und wir standen eng an eng und gaben uns die Hände,
Und wir stützten uns im
Suchblick durch die
Räume über uns.

Vor mir stand ein leeres
Glas, das hatte einen Deckel,
Und ich sollte die
Entwicklung ganz genau beobachten,
Und nichts geschah darin,
Und meine
Theorie begründete sich nicht aufs
Wachstum, das wir doch nicht sehen konnten,
Sondern darauf, dass das
Licht und wirkliches Geschehen ohne
Rücksicht auf die Glaswand
Außerhalb entstand und mich sogar mit einschloss,
Und ich untersuchte gleich den
Boden unter meinen Füßen.

Man bat mich um die
Unterschrift, die wollt ich gerne geben,
Und man reichte mir
Papier, das war noch völlig leer,
Und grundlos wollte ich nicht meinen
Namen schreiben,
Und man sagte, ich sei dumm,
Und diesmal würde man sich freundlich zeigen,
Und man gab mir eine kilometerlange weiße
Wand, dort wäre sicher
Grund genug zu finden,
Und ich hätte viel, viel
Zeit.

Aufschläge 6730 - 6732

Briefe, die ich dir im
Leiden schrieb, enthielten selbst das
Leiden,
Und wie hätte ich dir helfen können,
Ohne auch zu leiden,
Ja, ich bin dir
Brief um Brief,
Und du sollst fleißig in mir lesen
Und beginnst im
Kopf, dort steht die
Überschrift, die gilt nur dir
Und will dich sehr willkommen heißen,
Und ich schieb dein
Stirnhaar rasch beiseite,
Es ist nass vom Schnee,
Es ist nur eine Geste, nur die kurze
Landung des Gefühls für dich,
Du greifst nach meiner
Hand und willst sie küssen,
Doch die steigt schon wieder auf
Und lässt das
Gletscherbrett zurück, die
Spur schmilzt gleich dahinter.

Im
Treppenhaus stehst du vor mir
Und schaust zurück, auf mich herab,
Ich blick nach oben,
Und von deiner
Stirn ergießt sich die
Lawine, die beginnt zu stürzen,
Und sie reißt auch dein
Gesicht herab, das fällt auf mich
Und schlägt sich blutig an dem
Mund, der will dich fangen,
Und ganz warm wird das
Ersticken.

Hinter mir tut sich das
Tieftal auf, es reizt hinein zu springen,
Und die Kleider reiß ich mir vom Leib,
Und vieles bleibt dran hängen,
Und ich werfe sie, soweit es geht hinaus,
Sie segeln langsam nieder in den
Treppenschacht und halten sich nicht auf in den
Etagen,
Und sie schlagen an und fallen wieder weiter,
Und sie sehen nicht zurück,
Und unten breiten sie sich mir zum
Sprungtuch aus,
Das wird nicht stramm gehalten,
Und es ruft nach oben.

Aufschläge 6733 - 6735

Überall stieß man auf die zertretenen
Gedanken, ausgestreut als
Granulat auf glatte Wege,
Und ich dachte mir, dass sich die
Eiszeit ganz unmerklich
Und ganz regelmäßig wiederholte,
Und dies sei ein Anfang,
Und im Eismeer schleppte man schon jahrelang
Die schwimmenden
Gebirge, zog sie aus der
Kollisionsfahrt, die sie auf die
Inseln machten,
Und im Weltall schob man schwere
Die im Querkurs lagen, auch beiseite,
Stieß sie einfach an und ließ sie trudeln,
Und man kümmerte sich nicht um ihre neue
Bahn.

Wenn ich weinte, weinte ich nach innen,
Und die

Tränen standen mir im Auge,
Und es hätt ja einen wahren
Grund für meine Trauer geben können,
Und es sprangen mir die
Seufzer in den Mund,
Von dort ließ ich sie frei,
Sie stießen mit dem
Abgasfeuer über meinen
Rücken,
Und ich spürte einen angenehmen
Schauer.

Sonst war alles blank an mir,
Ich hielt auch die
Metalle, die mich schützten,
Immer sauber,
Und ich duldete auf meiner
Oberfläche keine
Fehler, das war leicht,
Sie konnten einfach nicht geschehen,
Und ich war mir mit den andren einig,
Und wir waren alle ehrlich.

Aufschläge 6736 - 6738

Nein, ich will dich nicht belasten,
Und ich lüge nicht
Und stelle alles neben dich
Und sage nichts
Und preise dir nichts an
Und wische mir, schweißnass, die
Hände in der Schürze ab
Und warte auf ein
Wort, dass du mir sprechen könntest,
Und du sprichst es nicht,
Und ich sprech nicht,
Und schwer belastet dich mein
Schweigen,

Und es steht noch immer alles unberührt
An deiner Seite,
Und du denkst die ganze
Zeit wohl nur an dich, an das
Was du gern sagen würdest,
Und du kannst es nicht,
Zu sehr hast du zu schaffen mit der
Kopflast,
Und ich sehe dich so balancieren,
Und ich helfe nicht.

Im Nebenzimmer fährt die
Zeituhr in die Wand,
Sie bleibt dort stecken und verläuft sich nicht
Und steht nun still,
Und unter ihr hält sich dein
Weib ganz nah an ihren Leib die andre
Frau, die liebt es sehr,
Es hat ihr viel zu bieten,
Täglich legt es dir die neu gewonnene
Liebe in das Krankenlager,
Und es ist ein falsches
Weib, das sich im Dunkeln unter deine
Decke schiebt,
Es kommt dir sehr entgegen in der
Dunkelheit.

Ich kann das alles nicht ertragen,
Und die
Doppelsterne werden nicht zu meinen
Zeiten ineinander stürzen,
Und die grüne Sitzbank auf dem
Bahnhof hinkt
Und bietet sich als
Krüppel an,
Ihr fehlen auf den
Sitzen und im Rücken je zwei
Bretter.

Aufschläge 6739 - 6741

In meiner
Straße nagelte ein
Mann den waagerechten Maßstab an die
Hauswand,
Und ich ging daran vorbei
Und wusste nicht ob ich den
Maßstab messen sollte oder
Ob er mich vermaß
Und sah mich heimlich um nach diesem Mann,
Der war ein Straßenfeger,
Und er wusste nicht
Bescheid und fragte auch, ob er mir helfen könnte,
Und er mache hier nur seine Arbeit,
Und ich würde sicher schon in eins zwei
Tagen nicht mehr fragen, die
Vermessung wäre dann vorbei.

Morgens wollte ich von meinem
Baum hinunter steigen,
Und es lag noch
Frost in allen Ästen,
Meine Federn knarrten unerwartet,
Und es war unmöglich so zu fliegen,
Und ich war besorgt um mich,
Es mochte sein, dass sich der
Baum, wenn er erwachte, schüttelte,
Und noch war nicht die
Zeit des Gärtners angebrochen,
Der stand unbeweglich unter mir,
Und sicher würde er zuerst das
Totholz schneiden wollen,
Das war noch nicht zu erkennen.

Drüben sah ich eine
Morgenröte,
Die stand einfach auf und wurde größer, heller
Und verlor die Farbe,

Sie war schon vorhanden hinter einem
Schwarzband, als die
Nacht noch vor mir lag,
Und immer würde sie der
Innenpelz des Mantels sein
Und nur am Kragen sichtbar sein.

Aufschläge 6742 - 6744

Es war wohl, dass du mich nicht sahst,
Ich grüßte dich umsonst,
Wir standen an den
Enden einer Linie des Visiers,
Der Wind hob deine langen
Haare weit nach vorn
Und trug sie über deine Schultern,
Und die
Hände strecktest du in bittender,
Vielleicht auch flehender
Gebärde in den
Luftspalt, der war unsichtbar für mich,
Und sonst war alles leer auf unsrer
Straße, die war endlos,
Und sie mündete im
Kleinerwerden als ein
Bildrand, der versehentlich entstanden war,
Und du, du hattest einen
Stehplatz eingenommen,
Der war unbestritten.

Irgendjemand sang das
Nebellied und sprach vom grauen
Stein, der sich im
Dunst versteckt hielt, dessen
Buckel weit bis in die
Wolken reichte,
Und ich war ganz sicher,
Dass es lange dauern würde,

Dort heraus zu finden,
Und dein Lied war selbst die
Suche und war selbst der
Nebel,
Und der
Ausgang, der lag so vor mir.

Man sprengte in der
Heide einen hohen
Turm,
Der stand dort sinnlos und umsonst,
Und niemals war ein
Mensch an ihm hinaufgestiegen,
Und ich sägte mir die abgestürzte
Spitze ab und nahm sie mit
Und sah ihr lange ins
Gesicht,
Sie würde sicher mit mir sprechen
Und mich nach der
Aussicht fragen wollen.

Aufschläge 6745 - 6747

Die
Hungerterroristen aßen wieder,
Und die
Welt war immer noch voll Hunger,
Und man sandte
Kommissionen, die den
Sinn des Terrorismus untersuchen sollten,
Der lag sonst auf jeder
Straße,
Und man ging um ihn herum
Und glaubte nicht an seine
Wahrheit,
Und man fand auch einen
Keim, der war mit ihrem
Essen eingenommen worden,

Er war schwer herauszufinden,
Und die
Terroristen mussten ohne
Essen ihren Terror fristen,
Und sie starben bald.

Unsre
Fenster lagen auch zur
Straßenseite,
Und sie barsten plötzlich unter einem starken
Luftdruck,
Der entstand aus einer Explosion,
Und niemand wusste etwas,
Konnte etwas sagen,
Und mit meinen
Augen hielt ich die zerrissnen
Scheiben fest,
Sie blieben mit den Scherben, die sich grade lösten,
So im Raum gebannt und stehen,
Und es flog nichts mehr herum,
Und eigenartig war es nun für uns zu leben
Unter explodierten Fensterscheiben,
Die man explodieren sah,
Es kamen viele, sich den eingefror'nen
Zustand einzuprägen.

Täglich war ja dreimal
Menschenleid geschehen,
Das sich schlimm ausnahm,
Ich fand auch einen langen
Riss, der über meine Seite lief,
Ich würde bis zum Sommer warten
Und ihn dann erst reparieren lassen,
Und ich hatte wirklich keine
Zeit mehr für dich übrig,
Und ich gab dir meine ganze
Zeit,
Du sagtest auch,
Ich stünde dauernd neben mir

Und sei zu dir ganz anders, als die anderen,
Und rühre an den Sprung,
Der zöge sich durch dich
Und sei von einer
Sprengung.

Aufschläge 6748 - 6750

So kann es sein, dass man sich selbst ins
Auge sieht,
Und zwischen mir und meinen
Augen ist ein dünner
Draht gespannt,
Und rührte ich an ihn, gäb er die
Blindenmelodie, die sagt:
„Macht Platz dem, der sich selber sieht,"
Und die ein Standpunkt ist, vielleicht der
Ausgangspunkt, um den ich mich so lange
Mit dir stritt, indem ich deine
Wahrheit nach Konkretem fragte,
Und ich zupf Zuhause mit dem
Finger einmal nur an der Verbindung,
Und die Resonanz zerreißt mich fast,
Es springt der
Faden aus der Schiene, schnellt zurück
Und schlägt mir Striemen ins
Gesicht
Und tätowiert mich dunkelrot.

Du zogst daraus den
Schluss, dass alles richtig wär, weil es sich ineinander
Fügte und vergaßt, wie käuflich eine
Liebe war,
Die passte in den Schoß,
Und sie verlangte nichts,
Und ich war ohne jede
Absicht und mir selbst genug
Und zwang dich nicht

Und gab auch keine
Antwort,
Und du weintest, ohne dass dich dein
Gesicht verriet.

In den Pausen lernte ich ein
Fingerspiel mit einem
Faden, der aus jedem
Knoten immer wieder völlig glatt heraus fiel,
Und ich dachte an das
Seil, das lange schon am
Fensterkreuz befestigt war und in die
Stube hing, und sah die
Schlaufe an dem Ende,
Die blieb lange ungelöst.

Aufschläge 6751 - 6753

Ich schlief im Freien,
Und ein weit entfernter
Lichtpunkt, der noch hinter
Sternen stand, warf einen scharfen, weißen
Kegel auf mein Lager, hüllte mich in seine
Decke, die war maßlos dünn,
Ich fror und sah dem Unschlaf in die
Folterkammer, die stand offen,
Und ich dachte mich ins
Auge der Beleuchtung, so weit draußen, hinter meinem
Himmel, unter schwarzem
Samt voll weißer Löcher,
Sonst geschah mir nichts,
Und auf dem
Nachbarlager wälzte sich ein
Nebenmensch,
Und der vergnügte sich in der Verdauung,
Hielt die
Hände auf die strammen
Magenwände.

Niemand zwang dich zu
Konkretem,
Und man ließ dir deine
Wahrheit, mochten es auch zwei,
Vielleicht auch drei sein,
Und du fragtest mich und sahst,
Dass ich in meiner linken
Hand den grünen Leuchtstein trug,
Den hatte ich schon immer,
Und er sprach zu mir
Und war konkret
Und selbstverständlich.

Meine
Suche endete dann vor dem
Tor, das war geöffnet,
Und ich ging nicht mehr hinein,
Dahinter fand ich stets das
Ende meiner Spur
Und weiter ging es nicht,
Ich dachte auch, der
Mensch an meiner Seite wäre von
Geburt an Mensch,
Das stimmte aber nicht,
Er war erschüttert über meine Herkunft.

Aufschläge 6754 - 6756

Ich hätte dich nicht wiedersehen sollen,
Viel zu deutlich suchtest du mich in der
Menge,
Und ich stand dir ins
Gesicht geschrieben, das war blass und fahl,
Es hatte nur sekundenlang die
Anflugröte Herzenskranker, wenn du mich entdecktest,
Und ich kam dann doch
Und sah sofort die kleine

Möwe, mehr ein Spielzeug,
Die hing über dir im Seil,
Und das trug dich in einer flachen
Schale etwas über meiner Erde,
Und du beugtest dich herab bis an den
Rand und sprachst mir in das
Ohr,
Und du erflehtest deinen
Tod wie jener kleine weiße
Vogel, den erschoss ein
Jäger einst aus Langeweile,
Und ein
Lehrer ließ ihn präparieren.

Wir lehnten uns an junge
Birkenstämme,
Und der
Boden war sehr feucht und weich,
Und unser
Rückhalt gab ein wenig nach,
Ich wusste, dass die
Augen in die Kronen zeigten,
Die begannen sich zu drehen,
Und im
Gleichtakt sprangen sie leicht übers
Springseil steiler Sonnenstrahlen,
Alles das schlug mir so heftig ins
Gesicht,
Ich ließ mich gerne von dir quälen,
Und du rührtest keine
Hand, um mich zu streicheln,
Und wir rührten uns nicht an.

Ich wollte meine
Freiheit, aber ohne dich,
Und ich verzeichnete auf meiner
Mantelinnenseite jeden
Augenblick, den wir uns vorenthielten,
Und wir sagten einfach, später in der Freiheit,

Stünde dem nichts mehr entgegen
Dass das Glück doch keine
Wurzeln habe.

Aufschläge 6757 - 6759

Es fing an einer unscheinbaren
Stelle an, das
Frühjahr war noch weit entfernt
Und schwer entflammbar,
Und ich sträubte mich ein wenig, dir in deiner
Krankheit zu begegnen,
Ich bemerkte alles nur durch einen
Zufall,
Und so ist es wenn die eigne
Haut taut, schmilzt,
Und wenn sich erstmals
Risse unter glatter
Oberfläche zeigen,
Und du sagtest auch zu mir:
„Geh hin, wenn dich die andre
Seite ruft
Und winke nicht nach drüben,"
Und ich reichte dir die
Worte, aufgeschrieben, an dein
Krankenlager, dass du sie erst nach mir lesen solltest,
Und der Tag würd' dadurch doppelt kurz,
Auch würden deine
Fragen ohne Antwort bleiben.

Meine
Kunst blieb euch ganz fremd,
Es war auch so, dass ich sie liebte
Und zugleich für mich behielt,
Und sie war jung genug, mich ohne
Rückblick zu betrügen,
Und mein Zimmer war zu klein für mich und sie,
Und trotzdem schuf ich sie noch schöner,

Noch vollkommener,
Und fraß in meiner
Not den abgeschabten Mauerstein,
Der ließ mich überleben,
Und die Farben, die ich wählte,
Stammten wirklich nur von mir.

Ich streckte meine
Hand, so weit ich konnte, aus, den
Himmel aufzureißen,
Und die
Wolkenfelder schob ich fort vom Blau,
Und immer wieder schnitten diese
Kopfmaschinen ihre weißen
Streifen ein,
Es dauerte mir viel zu lang, bis sie
Vernarbten.

Aufschläge 6760 - 6762

Meine
Wahrheit war ganz anders als die
Wahrheit, und ich litt darunter,
Und ich floh in die
Gelassenheit und kleidete mich gelb
Und gab mich willenlos
Und achtete darauf,
Mich überhaupt nicht hinzugeben,
Und in meinem
Zimmer stand die Nachtlaterne von der
Straße,
Und die zündete sich automatisch an
Und brannte bis zum frühen Morgen,
Und sie blieb mir fremd in ihrem
Eigensinn, den konnte ich selbst so in meinen
Händen gar nicht lenken.

Aus dem
Tagebuch las man mir vor,
Ich sprach zu mir und achtete auf jedes
Wort und ging mit mir an meiner
Hand und mit dem
Schlüssel auf den Lippen an den
Stahlschrank,
Darin hatte ich in meiner Jugend einen
Urwald eingeschlossen,
Und wir gingen nun gemeinsam um die
Schwarzen, glatten Stämme,
Und sie waren unverändert,
Und mit unsren
Füßen stießen wir ins Laubwerk,
Daher kamen die Geräusche,
Und wir mussten über große
Kissen steigen.

Ich sah mich häufig um, der
Flur war lang und viele
Türen gingen von ihm ab,
Sie waren nicht zu öffnen,
Und am Ende traf ich auf die
Freiheit,
Die ließ mich nicht frei,
An dieser
Stelle schlug das Meer direkt an blanke
Klippen.

Aufschläge 6763 - 6765

Meine
Sorge wuchs,
Ich formte einen
Stahldraht in die dritte Dimension,
Er wurde immer weicher,
Und er würde brechen,
Und ich sah auf ihn, bewegte ihn nicht mehr,

Ein Drahtbruch brächte mich zurück in eine ebne
Fläche,
Und ich sah mich um, es hatte keinen Sinn,
Es fiel mir schwer, das
Wohnhaus so verkommen zu verlassen,
Irgendjemand würde doch versehentlich,
Vielleicht ganz automatisch,
Nach mir greifen,
Und ich würde auseinanderfallen,
Und von außen war nichts zu bemerken,
Und ich blieb so still ich konnte,
Rührte mich nicht von der Stelle,
Und ich fror den mürben
Zustand ein.

Ungerecht war auch, dass sich die
Federdrähte überhaupt nicht biegen ließen,
Und in meiner
Hand zog ich die Spule auf,
Die spannte sich mit
Kraftgewalt nach außen,
Und ich warnte mich, die
Hand würd explodieren.

Bei einem
Unfall schnellte einem
Mann ein Baustahl in die Stirn
Und trat aus seinem
Hinterkopf heraus,
Man konnte diesen Mann auf wunderbare
Weise ohne jeden Umstand retten,
Und man zog den
Draht aus seiner Wunde,
Und es blieb kein Schaden,
Und ich streich noch immer mit den
Fingerspitzen über meine
Stirn und taste langsam bis nach hinten
Über meinen Schädel.

Aufschläge 6766 - 6768

Dort, wo einer ist,
Sind zwei, erzählte uns ein altes
Märchen, das ich nicht verstand, die
Kinder lauschten aufmerksam
Und fanden sich zurecht und neben sich den
Anderen,
Und ich stand auf, ging fort,
Und draußen rief ich leise nach dem
Zweiten, der blieb still,
Ich warf den
Stein in einen See, nur um ein einziges
Geräusch zu haben, das entstand,
Und einen zweiten warf ich in den
Himmel, der schlug dort nicht auf
Und blieb verschwunden,
Und vor unsrer
Erde stand wohl niemand, der uns kannte,
Und wir standen alle fest im Raum
Ich stieß so an ein
Gitter, das mich von mir trennte.

Deine
Wut erschreckte mich,
Du hattest einen
Tod an deiner Seite, der gehorchte dir aufs
Wort,
Du drohtest, ihn auf mich zu hetzen,
Und du teiltest mich auf diese
Weise,
Und du würdest mit der einen
Hälfte sterben wollen,
Und die andere, so wolltest du es,
Sollte für dich bleiben.

Du kamst ein zweites
Mal hierher zu dir, du saßt dort auf der
Gegenseite,

Und du trugst den weiten, stumpfen, roten, roten
Mantel, der fiel lässig über euch,
Mich blendete die Farbe,
Und ich schämte mich für mich
Und hätte gerne meine eigne
Haut von euch zurück erhalten.

Aufschläge 6769 - 6771

Obwohl wir in demselben
Flugzeug saßen, sagtest du zu mir:
„Uns bringen die
Geschwindigkeiten auseinander,
Sind mit umgekehrtem Zeichen,“
Und du würdest dich mit mir
So schnell es eben ging entfernen
Und auch ich von dir,
Und in den
Sitzen hielten uns die Gurte fest,
Ich konnte dir nicht glauben,
Und du zeigtest mir an deinem
Arm die Zeigeruhr, die lief entgegen meinem
Sinn,
Der Abstand wurde sichtbar größer,
Und du selbst befandst dich unter einer
Glocke ganz aus Glas,
Und die berührte ich mit meinem
Kopf, als der sich zu dir neigen wollte,
Und ich wagte nicht, sie anzuheben,
Und du winktest mir von drinnen ab.

Trotzdem blieben wir im
Wort und wollten uns verstehen,
Und wir lernten jeder eine andre
Spiegelschrift, die blieb verkehrt
Und kam nicht an die
Oberfläche,
Und selbst dort entdeckten wir, dass alle

Spiegel nur an einer Fläche reflektierten,
Und die andere blieb stumpf und braun,
Sie gab an den verletzten Stellen
Aussichtsfenster frei.

Du gingst durch meinen
Raum, der war ganz leer für dich,
Du gingst durch mich hindurch
Und straftest mich und wolltest mich verletzen,
Und du sagtest:
„Quäl dich nicht um mich,
Ich komm zurück
Und kehre immer wieder über dich
Und werde meine
Fährverbindung lange aufrecht halten."

Aufschläge 6772 - 6774

Es ergab sich so, dass du den
Himmel suchtest,
Und du spieltest auf dem
Instrument vertraute Lieder und auch neue
Melodien,
Und meine Ohren hörten dort heraus die
Erde unter meinen Füßen,
Und das konnte nicht das
Gegenteil von deinen zarten Klängen sein,
Und neben mir erzählte eine andre
Frau, dass sie von all dem nichts verstünde,
Und sie sinke immer tiefer ein,
Und ob ich ihr nicht helfen wollte,
Und ich stünd doch neben ihr,
Sie griff nach meinem
Arm, hielt sich dran fest und hörte nicht das
Instrument, an dem ich hing,
Und ich sah nur die
Frau, die darauf spielte,
Und wie fern sie war.

Die
Heimfahrt war beschwerlich,
Ich bedachte immerzu die
Einsamkeit der Füße, die mich trugen,
Und sie hörten nichts
Und sahen nichts
Und ahnten nichts
Und waren angewiesen auf die
Führung eines Unbekannten,
Und sie sollten zuverlässig sein,
Und einfach wäre es gewesen, in der
Wüste laut zu schreien:
„Lasst doch
Milde walten zwischen einem
Sandkorn und dem anderen."

Mit Beginn der Dämmerung zog eine
Aluminiumscheibe über unsren Horizont,
Es mochte wohl der
Mond sein,
Mochte aber auch die eigne
Helligkeit in einem fernen
Spiegel sein,
Die grade aufging.

Aufschläge 6775 - 6777

Ich verzehrte deine
Worte, ja, du sprachst sehr viel,
Ich zeigte dir den
Lichtblitz, der daraus entstand, ein
Strahlen, das aus meinen
Augen funkelte und übersprang auf
Gegenstände, dass ich sehr erschrak bei der
Entladung, die sich wiederholte,
Und ich aß
Und aß

Und aß,
Und aus dem
Fenster schaute ich auf eine
Koppel, die lag schräg am
Abhang,
Und es standen dort vereinzelt
Schafe,
Und ich malte sie mir in
Gedanken,
Und ich ekelte mich vor dem
Wiederkäuen,
Und sie waren friedlich,
Und ich sah, dass man am andren
Tag von ihnen eines schlachtete,
Und Schlächter und die Helfer tranken von dem
Blut des Tieres, das war fest verschnürt
Und zuckte nur,
Und seine
Augen sahen das Geschehen.

Einmal schnitt ich mich versehentlich mit einer
Scherbe in den Hals,
Es schoss ein
Blutstrahl seitlich fort,
Der schlug an eine
Glaswand, die war sonst nicht dort,
Und draußen stand ein
Arzt, der half mir nur mit
Zeichen, anders, musste ich verstehen,
War mir nicht zu helfen,
Und ich sah die Schwierigkeit,
Die hatte ich niemals zuvor bemerkt.

Ich achtete darauf, nicht auszulaufen,
Und man hörte immer wieder,
Dass sich jemand selbst aus seinem
Glas verschüttete,
Versehentlich und auch mit Absicht.

Aufschläge 6778 - 6780

Dies war kein
Traum,
Ich schreckte hoch im
Schlaf und sah vier Zeiger auf der
Nachtischuhr, zwei standen still
Und zwei, so sah ich ganz genau,
Bewegten sich entgegen,
Eine Zeit lief vor, die andere zurück,
Ich konnte mich nicht wecken,
Und die
Nacht schritt fort in beide Richtungen,
Ich stand in ihrer Mitte,
Und es war kein Traum, es trennten sich nun auch die
Stunden voneinander,
Und der letzte
Abend und der neue Morgen
Rückten näher und entzogen sich zugleich,
Ich fand auch keinen
Platz mehr in dem
Nagelbalken, der war überall
Und dicht besät mit eingeschlag'nen
Nägeln.

Unser
Fest war längst vorbei, die
Säle waren ohne Gäste,
Und der
Nachtwind wehte nun die schweren
Und die sommerleichten
Vorhangstoffen durch die Räume,
Und man musste darauf achten,
Dass sie einen nicht ummantelten
Und einem nicht die
Stille in die Kehle drückten,
Und in manchem
Winkel saß ein
Lachen noch so fest,

Man hätte daran kratzen müssen,
Um es zu entfernen.

Irgendjemand warf noch eine
Münze in den
Suppentopf, das war nicht zu verstehen,
Und es guckte jeder tief in seinen
Teller,
Und wir horchten alle auf ein leises
Klirren beim Verteilen unsrer
Speise.

Aufschläge 6781 - 6783

Du warst in deinen
Augen tätowiert,
Du sagtest auch, das
Weiß in deinen Augen böte sich von selber dafür an,
Du fandst es gut,
Es störte dich auch nicht, dass du es
Eigentlich nur über einen
Spiegel sehen konntest,
Und du hattest eine fremde
Formel zwischen
Ornamente schreiben lassen,
Die gäb eines Tages Aufschluss,
Und ich dachte an das lange
Pendel, das schwang ewig hin und her,
Und unter ihm bewegte sich die
Erde als ein Langsamläufer,
Das sah jeder, der auf seiner
Stelle stehen blieb,
Ich dachte auch an deine
Augenlider, die verschlossen deinen Mund,
Und ich fand schwer den
Weg, sonst käme ich dahinter.

Du erzähltest mir ganz frei von deinen
Ängsten,
Und sie waren eigentlich, so glaubte ich, die
Freiheit selbst für dich,
Ich konnte mich darauf nicht konzentrieren,
Und du spürtest augenblicklich, dass du wieder
Siegen würdest,
Und ich sah nur deine
Haare, die noch nass ins Becken hingen,
Und es war dir ihre
Wäsche so unendlich wichtig.

Als ich an die
Füllmaschine kam, war ich so völlig leer,
Und meine Sprache fiel aus mir heraus
Und lag verborgen auf dem Boden,
Und ich wusste kaum noch, dass ich im
Spaziergang einfach durch geschloss'ne
Fenster und durch nie betret'ne
Stuben bis hierher gelangt war.

Aufschläge 6784 - 6786

Es war nicht leicht, dich zu verstehen,
Und du sprachst nur noch in
Farben, die du wechseltest,
Und Rot, zum Beispiel, sei dein
Dank, den du auf diese
Weise weitergäbest,
Und wir hörten über uns und über allen
Wolken die Maschinen stehen,
Und es dröhnte, pfiff ihr
Antrieb bis hierher,
Es wär, so sagtest du, auch eine
Sprache ohne Worte,
Und wir hätten keine Wahl
Und müssten die verstehen,
Und du hattest alles dies zu mir in

Gelb und Grün und Blau,
Ich weiß nicht mehr in was gesprochen,
Ja,
Und ich verstand dich immer mehr,
Und eine
Trauerfarbe konnte schwarz sein oder weiß,
Vielleicht auch anders.

Früher dachte ich, das Rot darunter,
Unter einem roten Kleid,
Dass es sich immer wieder zeigen müsste,
Dass es fort und fort erscheinen würde,
Und du hattest eine fahle
Haut, die drunter lag,
Und sie entzündete sich erst
Als ich sie übergoss und
Feuer daran legte,
Und die Scham stieg dir in deine
Fingerspitzen,
Und die
Hände drücktest du ganz fest auf deine Brüste,
Und sie schoben sich zur Seite,
Und ich malte alles, was ich sah, aus
Stein, das war sehr schwer und dauerte
Viel länger als mein Leben währte.

Zwischen tausenden von
Schwellen unter Eilzuggleisen lag ein weißer
Schnee, der war vielfach und mehrfach angeschraubt,
Es war ein
Panzerplattenband, das zog sich weit, weit in die
Länge,
Und es endete als
Goldband, das schlang sich um deinen
Hals, und grelle
Sonne fackelte darauf.

Aufschläge 6787 - 6789

In deiner
Kunst, sagst du, gibt's keine halben
Schritte,
Und du seist ein
Teilstück einer
Gleichung, die ergibt auf einer
Seite nichts,
Du seist das Stürzen in ein
Loch, das niemals endet,
Und vor einem
Aufschlag hast du keine Angst,
Ich stehe neben dir, begegne immer wieder dieser einen
Stimme, die mir sagt:
„Du weißt als einziger, dass du ein
Mörder bist,
Es ahnt sonst keiner,
Und du kannst nicht leugnen,"
Und ich weiß von keinem Mord,
Von keiner Schuld,
Die tausendfache Tötung, die ich zuließ,
War zu allen
Zeiten nur in mir und musste auch geschehen,
Und ich lebe wirklich mit den
Taten ganz allein.

Jemand fragte, ob ich mich vor
Tieren fürchtete, weil ich sie miede,
Und ich hatte eigentlich nur nicht die
Kleidung, auf dem
Neuplaneten auszusteigen
Und mich umzusehen,
Und es schien mir zu gefährlich so,
Und öde war es, was sich bot,
Und niemand zwang mich,
Und ich selbst war erst am
Anfang meiner
Reise, die zu Ende ging.

Tags versteckte ich die
Sonnensegel, die mir wuchsen,
Und sie waren superdünn und spannten, ausgebreitet,
Über eine große Fläche,
Und ich hielt sie nur dem
Abendstern entgegen,
Der verbrauchte sehr viel seiner
Kräfte nur für mich,
Und ich verlangte es von ihm,
Und er war schuld, wenn
Wolken sich dazwischen schoben.

Aufschläge 6790 - 6792

Ich stand auf einem
See, der tief im Eis verborgen lag,
Ich war allein und rief nach mir
Und meinen
Namen laut zum Ufer
Und erfuhr den
Stillstand der Geräusche,
Und es war die
Lichtung, die sich plötzlich auftat,
Und der
Sonnenstrahl, der darein fiel, gefror und
Mückentiere sah ich tanzen,
Unter mir stak mancher
Fisch mit seinem Vorderkörper in der
Oberfläche, die war klar und durchsichtig,
Ich ging so über eingefror'ne
Köpfe, über aufgeriss'ne Mäuler,
Stand direkt im stummen Schrei,
Der hob nicht ab von dieser harten
Decke.

Heute wollte ich dir
Blumen bringen,
Und ich saß vor einer dünnen
Fensterscheibe, darauf hielt der
Frost die Hände,
Und ich dürfte nur die
Eisgewächse für dich nehmen,
Wenn es mir gelänge, sie so fortzuschaffen,
Und es war der
Stillstand überhaupt,
Den hätte ich doch nie anrühren können,
Ohne eine leiseste
Bewegung.

Später stand ich dann vor dir,
Du klagtest, dass in deiner
Nähe niemand musiziere,
Und das war nicht wahr,
Wir alle standen hier, um dich zu hören, deine
Lieder anzuschauen,
Und ich selbst schuf einen
Frauenakt aus deinen Melodien,
Die standen völlig still für mich
Und waren sehr geduldig unter meinen
Händen.

Aufschläge 6793 - 6795

...muss
Gutes tun,
...muss
Böses tun,
...muss etwas tun, um es zu tun, das
Heute kümmert sich sonst nicht um mich
Und geht mir wieder fort, als hätte es mich nicht erreicht,
Und gestern war es schon ein
Unglück, als es mir im
Fenster stand und ließ mich völlig sein,

Ließ mich zurück;
Die
Zimmerwände fielen auseinander,
Und ich stand in einem neuen
Raum, der auch nicht größer war,
Nur noch ein wenig leerer,
Und die
Wände fielen nochmals um,
Ein nächster
Raum erwuchs sofort,
Ich baute
Sprossen in die Tiefe,
Als ich die hinunterstieg, kam ich ans
Wasser dieses Beckens,
Und die
Sprossen spiegelten sich in der
Oberfläche,
Und es könnte sein, dass sie in
Wahrheit noch viel tiefer führten.

Die jungen Mädchen gingen auf ein Fest,
Es war kein Grund zu feiern,
Und sie malten einen großen, roten
Reifen auf den Boden
Und daneben einen grünen
Und sie feierten in beiden einfach
Neben sich und unter sich
Und teilten sich die
Freude auf in diese beiden
Eingebundenheiten.

Immer sah ich auf den Boden,
Und es gab so viele
Leute, die erzählten von verlor'nem Gut
Und lachten über mich
Und sagten, ich verstünde überhaupt nicht
Was es hieße,
Etwas gänzlich zu verlieren.

Aufschläge 6796 - 6798

Man begann das
Weltall zu bewaffnen,
Und es war nicht so, dass man die
Arsenale nach dort oben hängte,
Sondern diesmal griff das
Weltall selber zu und gürtete sich mit dem
Feuerdorn, den könnte es von nun an,
Ohne noch zu fragen,
Jedermann ins Auge werfen,
Und es sah schon heimlich von der
Erde fort auf andere Gestirne,
Und es war der erste wahre
Riese, der nach langer
Zeit entstanden war,
Und wir, die immer noch daheim den
Garten hegten und bepflanzten und ihn pflegten,
Hatten in den Reihen unsrer Beete
Dünne Scheiben reinen Quarzes ausgesät,
Der würde uns zu
Stäben wachsen und uns helfen, jede
Schwingung ganz genau zu
Messen.

Die neuen
Häuser standen dicht gedrängt
Und aufeinander,
Und ich fand mich nicht zurecht,
Und hier bei uns, so wiederholte eine
Stimme pausenlos,
Kann niemand auch nur einen
Augenblick verloren gehen,
Und wir bringen jeden an sein
Ziel,
Ich hätte wirklich nur die
Hand zu heben brauchen,
Und man hätte mich entdeckt.

Meine eigne
Frau wurd schwanger,
Und ich fragte sie so leise wie ich konnte,
Und sie hatte eine gute
Auswahl unter den Maschinen
Und sprach laut darüber,
Und das
Kind, das man dann in sie setzte,
Hatten sie gezeugt,
Und meine
Hände fielen mir zu Boden,
Und ich sah an mir herab und schwor bei meinem
Leben meinen Tod,
Der konnte auch nicht anders sein
Und auch ganz sinnlos.

Aufschläge 6799 - 6801

Ich grüßte dich, aus einem
Nichts gabst du die Hand,
Und alles andere blieb unsichtbar,
Und immerhin, so sagtest du,
Hätt ich ein wenig
Sichtbarkeit erzwungen,
Und ich glaubte dir,
Du würdest dich freiwillig niemals
Sichtbar zeigen,
Und es war ja nur,
Das mir nun endlich dein
Portrait gelingen sollte,
Und ich hoffte immer noch,
Du würdest unvermittelt an der
Haustür klingeln und um Einlass bitten,
Dass ich jeden
Pinselstrich an dir erfahren könnte,
Und du würdest ja in deiner
Sichtbarkeit viel deutlicher erscheinen
Als so hinter dir.

Nächstens ging ich auf die andre
Seite eines Fensterglases,
Das stand groß und senkrecht in dem
Zimmer,
Und ich glaubte nicht mehr, was ich diesseits
Dadurch sehen konnte,
Und es mochte sein
Dass alles anders war,
Käm ich dahinter.

Andrerseits vernahm ich auch des
Nachts das leise
Summer über unsren Häusern,
Und es stand ja gar nichts
Zwischen uns und allen Sternen,
Und es hieß, dass diese
Leinwand echter sei als eine eigne
Haut,
Ich hatte niemals über alle
Einzelheiten unter meinem
Menschsein nachgedacht.

Aufschläge 6802 - 6804

Du sprachst von einer
Tänzerin, die füllte mehrfach ihren Raum
Und wurde immer offener,
Sie tanzte neben sich
Und fing sich ein,
Und sie verschmolz zum
Schluss mit sich,
Und auf dem
Holztisch waren
Wassertropfen nahe beieinander,
Und sie liefen nicht zusammen,
Und der Regen lachte über ihre Sturheit,
Und bei ihm war alles eins und

Teilte sich doch dauernd, sprang auf
Fensterscheiben und verspottete den
Wind, der blieb davor,
Und eine Frau, die mit mir lebte,
Wartete auf die Gelegenheit zu fragen,
Und die Frage stand im Raum,
Und ich, ich konnte nicht daran vorbei.

Alle die dich kannten, fragte man,
Sie sollten dich bekennen,
Und sie stimmten überein
Und hatten deinen
Namen nie gehört, der war so fremd, so unnahbar,
Und deine
Schwelle war auch ihre Grenze,
Und dahinter fing das Neuland an,
Das wurde nur von dir betreten.

Täglich sandte ich den
Menschen meine Schreiben,
Und es waren
Tausende, die lagen zugestellt
Und aufgestapelt hinter jedem Eingang,
Und man wartete, dass ihre
Texte über einen
Bildschirm laufen würden, um sie auch zu lesen,
Und ich zeigte meine
Hand, die das geschrieben hatte, als
Radierung,
Das war viel zu wenig.

Aufschläge 6805 - 6807

Eine Antwort kam von dir,
Ich hatte mich in ihr getäuscht,
Ich hatte etwas anderes erwartet,
Hatte nichts, als die Bestätigung gewollt,
Und als wir über unsre
Straße gingen, fielst du neben mir zu
Boden,
Und es war ja nur ein leichter Sturz,
Und trotzdem brachst du völlig auseinander,
Und es sprang das
Porzellan in tausend Scherben,
Die vermochte niemand mehr zu überblicken,
Und es ging so schnell,
Kaum, dass ich ausgesprochen hatte, war auch schon der
Stolperstein im Weg,
Das Unglück hielt sich fest an meiner
Hand.

Man legte morgens eine
Macht auf meinen Tisch,
Die war mir nicht geschenkt,
Ich hätte sie, so sagte man, erworben,
Doch ich rührte sie nicht an,
Es war darin verborgen diese
Lust an Angst, das hinderte mich sehr,
Und meine
Macht würd ständig wachsen,
Und ich sah nicht hin und sie nicht an,
Und wusste wirklich nichts
Davon.

Ich trank den weißen
Tee, der war nur Wasser,
Und er schmeckte nicht,
Und meinen
Durstbrand konnte ich damit nicht löschen,
Und du sprachst am

Telefon von deiner
Liebe, die ich nicht erfüllte,
Und ich sagte, dass du mir den
Tee auf die Entfernung doch nicht würzen
Und nicht süßen könntest,
Und wir litten beide unter einem bitteren
Geschmack.

Aufschläge 6808 - 6810

Ich lebte mit zwei Frauen,
Und nur eine lebte eng mit mir zusammen,
Und sie musste, um bei mir zu sein,
Die andere beiseite drängen,
Und die andere an meiner
Seite sah man nur durch mich,
Sie sprach aus mir
Und hatte auch Gestalt in mir
Und mahnte mich und drängte mich,
Und sah ich sie in Wahrheit,
Lag ich eng an ihr
Und drängte sie beiseite,
Von der andren Frau fand ich nicht eine
Spur in ihr und nicht von mir,
War ausradiert in ihrer Nähe,
Und ich floh in einen
Nebenraum, der war die Stille selbst
Und schwieg mich an im
Neubeginn,
Und an den Wänden standen die zwei
Frauen, die mit mir zusammen lebten.

Soviel war gewiss, dass in den
Steinen Urgespräche hörbar waren,
Und man zwang mich eine
Scherbensammlung zu sortieren
Und so zu verkleben, dass sich
Ganzes zeigen würde,

Und ich war ein
Meister,
Und zum
Ende schlug ich drei verschiedene
Gestalten und Figuren daraus vor,
Die hatte man noch nie gesehen,
Hatte nie davon gehört,
Und ratlos waren wir im
Scherbenspiel.

Mit der
Zeit wurd ich ganz wahllos,
Und es reichte mir, nur einen
Arm, nur einen Kopf, ein
Wort nur aufzuspüren, zu erhaschen,
Und der
Rest blieb unberührt von mir,
Das führte die
Besitzer auf die
Fährte der Verbrechen,
Und man klagte mich des
Todes an,
Den konnte ich sonst nirgends finden,
Und es wäre doch vielleicht ein
Anfang.

Aufschläge 6811 - 6813

Ich war ja hier, um
Neues zu entdecken, nicht um das
Bekannte zu bestätigen,
Und von den
Menschen, die in Flügeltüren lebten,
Mochte ich nicht mehr berichten,
Und ich sprach mit dir
Und hörte dir auch etwas zu,
Bis du ganz plötzlich,
Wohl um mich zu überzeugen, dein

Gesicht nach beiden
Seiten aufschlugst,
Und ich sah in einen dreiflüg'ligen
Spiegel, dreimal sah ich nun in dein
Gesicht, das war darin so völlig anders,
Und du standst ja nicht davor, nur ich,
Und fand mich so verändert zwischen dir
Und wollte auch davon erzählen,
Und du winktest ab und standst in voller
Blüte.

Niemand glaubte meinem
Wissen,
Und es war doch nur natürlich,
Und ich selbst war dieser
Zufall, der es mir bestätigte
Und richtig werden ließ,
An mir erfuhr ich alles über mich,
Das war nicht anders möglich,
Und ich trug mich immerzu bei mir, der
Schatz wär niemals und durch gar nichts
Zu ersetzen.

Über unser
Wohnhaus baute ich mir eine
Brücke, die wurd anfangs steil,
Ich konnte auch nur einen
Zugang schaffen,
Und den
Abgang ließ ich einfach offen,
Jeder durfte dort hinauf
Und musste sich am
Ende selbst bewachen.

Aufschläge 6814 - 6816

Auf meinem
Nachtleib stand der Schweiß,
Und er brach aus aus einer schweren
Innenwolke, die verdeckte mich,
Und hier am
Hals, von meiner Stirn
Und in den
Oberschenkeln liefen kleine
Rinnsale herab,
Ich griff nach dir und riss dich wach,
Du standst nicht unter diesem Himmel,
Und du warst verwirrt, du sagtest gleich,
Die Briefe, die ich dir sonst sandte,
Hättest du ja nie gelesen und
Sie lägen irgendwo im Tal,
Es wäre doch noch so viel Zeit,
Und nun, so schien es, sei es fast zu spät,
Ich war geschwächt und brach vom
Bett in eine Schüssel,
Und es war umsonst, die
Unterbrechung hatte stattgefunden,
Und ich sah den
Seidenfaden, der lief noch vorbei an meinen
Augen,
Und ich hoffte nur,
Du würdest nicht dagegen stoßen.

Anderntags ersetzte man die
Angst, die wir erlitten hatten, durch ein
Kinderlied, das klang uns fremd,
Wir hatten es noch nie gesungen, nie gehört,
Und hätten es doch nun, in unsrer
Kindheit, kennen müssen.

Auch der
Weg, der mich zu meiner
Arbeit führte, war verhängt mit großen

Pappen, die beweglich von der
Decke reichten,
Und sie rührten beinah an den
Boden,
Und so lange ging ich nun schon
Durch sie durch,
Es kamen immer wieder neue,
Und ich wusste ganz genau,
Dass hinter jeder einzelnen, die letzte hing,
Die sich nur wiederholte.

Aufschläge 6817 - 6819

Dies fiel mir wieder ein und war gewiss,
Man konnte den an mir gescheh'nen
Mord kein zweites Mal verüben,
Und ich wies dich ab,
Und andre sahen, wie umsonst du warst,
Und sähest du den schwachen
Holzzaun um mein Zimmer,
Den Bewuchs daran,
Du gäbest wirklich auf
Und ließest mich so leblos
Wie du mich gelassen hast,
Und drüben steht eine
Mann, der dreht mit seiner
Hand ein Bohrgestänge,
Das reicht in die Erde,
Und er hofft umsonst
Und wird doch nie auf
Feuer stoßen.

Ich wollte dich auch nicht verletzen,
Und die
Explosion in mir ging bis an meine
Außenwände,
Und du spürtest sicher, wie ich innerlich zerriss,
Du konntest aber, was du fühltest,

Nur nicht deuten,
Und ich selbst war mit dem
Grubenunglück zu beschäftigt
Und versuchte eine
Rettung, die ich eigentlich nicht wollte.

Wo ich stand, rieb sich der
Boden sehr schnell ab,
Und der
Verschleiß war groß,
Und meine Freunde waren aufgerieben
Noch bevor ich ihre
Freundschaft finden konnte,
Und du gingst ganz langsam fort von meiner
Tür und sahst durch dich hindurch zurück,
Ob ich dir folgen würde,
Und du setztest
Fuß vor Fuß auf eine
Rasenkante als ein Kinderspiel
Und balanciertest mit den
Armen, das war gar nicht nötig.

Aufschläge 6820 - 6822

Die erste warme Sonne kam,
Sie war mir neu,
Und nie im Leben hatte ich sie je gesehen,
Und sie stand so nah
Und war mir gar nicht fern,
Sie schmolz im
Handumdreh'n mein tiefgefror'nes Innerstes,
Und meine
Werte büßten ihre Formen ein
Und liefen aus,
Und lächerlich wurd nun mein Rufen,
Etwa nach der Pünktlichkeit
Und irgendeiner Ordnung,
Sie bedrohten mich nicht mehr

Und waren plötzlich nichtig, hässlich,
Und man schenkte mir ein
Wohnschloss, das sei nur für mich,
Und jeden Dienst, den ich erwünschte,
Würde man mir dort erweisen,
Und ich nahm es an und fand es auch,
Wie ihr es mir beschrieben hattet,
Und man ließ mich gänzlich sein,
Ich durfte mein
Büro auch in die Häuslichkeit verlegen,
Und ich sah wohl über zwanzig
Jahre niemanden von
Leib zu Leib,
Die Sonne wärmte mich
Tagaus, tagein ganz unerträglich.

Dann wurde meine
Luft zum Atmen dünn,
Ich rief das erste Mal um Hilfe,
Und es tat sich nichts,
In mir war niemand
Darauf vorbereitet.

Danach verweigerte ich meinen
Dienst, aus Trotz,
Du sahst darin die
Laune eines unerzog'nen Kindes,
Und ich schwor mir, dass ich eines
Tages doch erwachsen würde,
Und dann müsste ich mir immerzu gehorchen,
Und der Tag, auf den ich hoffte, kam und ging vorbei,
Es war kein Unterschied.

Aufschläge 6823 - 6825

Ich kannte dies
Geräusch in meinem Rücken,
Und es fiel ein
Stückchen Gegenwart in eine
Schüssel, die war nicht von mir
Und ging mich gar nichts an
Und konnte mich auch nicht erschrecken,
Und die Zeitgefäße andrer Leute
Hält man besser auseinander als die eigenen,
Und mein Gefühl, es war ein
Wort, das sich an mir niemals mit
Leben füllte,
Mein Gefühl hing übermütig mit der aufgeknöpften
Bluse aus dem Fenster,
Und ich schämte mich für seine
Offenheit, für seine Neugier,
Und es gaffte anderen von oben in die
Köpfe,
Ich erkannte auch dort drüben in dem
Kirchturm, wie sich flache
Hände im Gebet zum Himmel richteten,
In diesem
Augenblick war ich der schwarze
Punkt,
Der machte auf der großen Fläche einen
Anfang.

Jemand zeigte mir ein anderes
Gebüsch, das stand noch herrlicher in
Blüte, und ich staunte,
Dass man sich in mich versetzen konnte
Und mich irgendwo verstand,
Und selbst nahm dieser Andere die
Blütendüfte gar nicht wahr, und hatte meine
Überschwänglichkeit, so sagte er, vermutet,
Und er habe schließlich recht behalten,
Und es war ein rosa

Blütenmeer, darin begann das
Sonnenfeuer grad zu züngeln,
Und ich stellte mich hinein.

Vor dem
Spiegel sah ich mir mit einem
Fernglas in die Augen,
Und ich sah mich hinten, nun vergrößert,
Wie ich an
Kalenderblättern schrieb,
Die waren nicht für mich,
Ich reichte sie mir gleich
Nach draußen.

Aufschläge 6826 - 6828

Man holte aus dem freien
Raum, dem Orbit, kleine
Kapseln, um sie selbst zu essen,
Und man konnte jede Farbe wählen,
Jede Kapsel schloss in sich das
Weltall ein und übertrug auf diese
Weise absolutes Leben,
Und das
Leben selbst, fand man, wurde dadurch kürzer,
Und der eine
Tag, den man nun nur noch lebte, kannte keine
Nacht, die war auf einer andren
Seite, oder wie man sagte, war das
Leben viel zu weit für eine
Nacht geworden,
Und ich wusste auch von mir,
Dass irgendwann einmal die
Zeit für mich gestanden hatte,
Und ich konnte damals keine
Gründe dafür finden,
Und seitdem hing ich ganz sonderbar an der
Erinnerung.

Die
Wolke morgenfrüher
Krähen fiel in einen Winterbaum,
Und der hielt aus,
Er wurde ja belaubt zu einer
Zeit, in der sich sonst kein
Blatt an ihm befand,
Und doch traf hier ein absoluter
Stillstand auf den anderen,
Die konnten nichts bewegen.

Einmal fand ich mich am
Boden liegen,
Mit dem rechten
Ohr behorchte ich die
Erde,
Und mein Herzschlag wurde deutlich,
Und die Strömung unter mir war nur ein
Zufall, den vermochte ich nicht
Aufzuklären.

Aufschläge 6829 - 6831

Gestern führte mich der
Weg ganz eng an deinem
Haus vorbei,
Die Tür war weit geöffnet,
Und ich sah hinein,
Du wusstest nichts von mir
Und riefst mich laut mit meinem
Namen, dass ich tief erschrak,
Fast wäre ich gekommen,
Und es war ein ,
Zufall, der mich gar nicht meinte,
Und ich meldete mich heute bei dir an, die
Fremdheit mochte nicht mehr länger fremd sein,
Und ich kam und fand dich ebenmäßig schön

Und selten,
Und als Erstes fragtest du mich nach dem
Namen, den hätt ich bis jetzt vergessen, dir zu sagen,
Und ich ging mit dir ums
Haus, dabei erfand ich plötzlich einen
Irrtum, der lag ganz auf meiner
Seite,
Und du ließt mich frei.

In deinem
Tagebuch las ich den
Tag deiner Begegnung nach,
Und alles, was du schriebst war folgendes:
Im
Augenblick, da ich die
Haustür öffnete, stand wenig weit entfernt ein
Uhrenzeiger in dem Sand,
Und der bewegte sich in eine
Richtung,
Und es gab in seiner
Nähe keine Zeit, die
Sonne zündete an ihm den dunklen
Schatten, der fiel nur durch
Zufall auf die Erde.

Später schlich ich mich noch einmal heim,
Ich wohnte lange schon allein
Und wollte mich nicht stören
Und fand eine neue
Stelle in der Mauer,
Die schlug ich um meinetwillen auf
Und schuf mir meinen eignen
Eingang.

Aufschläge 6832 - 6834

Jemand hatte seinen
Blick zum Himmel dort am
Himmel liegen lassen,
Und ich holte ihn herunter,
Und das Telefon an meinem
Schreibtisch schwieg,
Es rief mich niemand an,
Es war wohl völlig gleich, wer wessen
Blicke sandte oder einbehielt,
Und gestern Abend
Wollte ich dich noch ein letztes
Mal begleiten, heim begleiten,
Und es sollte unser
Abschied sein,
Und deine
Augen standen vor dem Untergang,
Und ich war voller Angst,
Und ich beschwor die
Straße, sich nur dieses eine
Mal für mich zu spalten,
Und es tat sich nichts,
Ich sagte nur:
„Mach's gut," und kippte leblos in die
Seitenstraße, die war gütig,
Und ich fiel ganz steif auf meinen
Rücken.

Links und rechts von meinem
Und auch andren Wegen hatte man in sich verklebte
Gläserwände aufgestellt,
Nun könnte niemand mehr entkommen,
Und sie federten die
Fluchtversuche einfach ab,
Und ich war ja so dumm
Und dachte auch noch jetzt,
Sie wären nur zu meinem Schutz,
Man könnte nun nicht mehr

Direkt an mich gelangen,
Und ich fühlte mich auch wohl
Dahinter.

Dann gabst du auf an mir,
Und schon am nächsten
Tag erkannte ich,
Dass du mich aufgegeben hattest,
Und es waren viele außer mir,
Die sprachen selten über sich
Und sagten auch, die
Suche sei von nun an völlig sinnlos,
Und das
Trudeln um die eigne Achse wär aus
Zufall
Und es hielte lange, lange an.

Aufschläge 6835 - 6837

Die
Tageszeitung, die ich kaufte,
War schon eingerissen,
Und die
Texte standen auf dem Kopf,
Die Bilder lagen lose in den Seiten,
Und es passte nichts mehr zueinander,
Und die
Zeilen, die ich las, verloren ihren
Inhalt,
Und dies war der
Grund, dass ich sie ganz zerriss,
Und ihre
Fetzen klebte ich mir auf den
Leib, bedeckte so die ganze Haut,
In dem
Gesicht befestigte ich mir
Reihen dünner
Perlenketten,

Und ich stellte mich in einer
Halle aus
Und war so gut gewappnet.

Anderntags zog man das
Leinen ab, ich war darin vom
Kopf bis hin zum Sockel eingeschlagen,
Und man feierte das erste
Mal damit:
„Enthüllung eines wahren Lebens,"
Und ich ging auch unter alle
Leute,
Und man fasste meinen Körper an
Und las an mir
Und fragte nach geheimem
Kunstgenuss,
Den wollte man gern mit mir teilen.

In mir war ein
Automat, der funktionierte völlig einwandfrei,
Und hätte man ihn nur sekundenlang entdeckt,
Würd niemand mir mehr glauben,
Und der
Mensch, der mich so sah, erlebte eine
Liebe, die konnt er sich nicht erklären,
Und er suchte emsig nach dem
Schaltknopf.

Aufschläge 6838 - 6840

Du maltest an dem
Bild,
Und es war blau in blau,
Es zeigte einen
Schacht, der lief nach hinten,
Und in der
Entfernung war ein Licht, das sich in diesem
Abstand selbst erlebte,

Und du sagtest einfach,
Dass ich dich nun suchen dürfte,
Und ich rief hinein und schrie nach dir,
Und meine
Rufe krochen eng am
Lichtschacht und verloren sich dahinter in der
Tiefe,
Und der Hundeschlitten, der dich zog,
Auf dem du lagst, der alle
Qual der letzten Stunden trug, die ich in deinem
Tagebuch ganz einfach nachgelesen hatte, dieser
Schlitten brach vor mir ins
Eis und stürzte in den Spalt,
Und ich warf mich an seinen
Rand und sah dich, sah die
Tiere völlig leblos in den
Seilen hängen und die
Last vor blauer
Lichtwand pendeln,
Und du hattest mich umsonst
Herbeigerufen.

Weiter hinten zündete sich jemand eine
Zigarette an,
Zuvor war in der Nacht nichts auszumachen,
Und nun sah ich dieses
Leben schrecklich nah,
Es war nichts weiter als ein rötlich gelber
Ausschnitt,
Der verstarb sogleich im
Schirm der hochgehaltnen
Hand.

Immer wieder flammte mir vor den geschlossnen
Augen dieser Lichtfleck auf,
Es war die grelle
Leuchte, die ich mit den
Händen auszublenden suchte,
Und sie blieb zurück im

Raum,
Du warst schon fortgegangen,
Und ich sah dich trotzdem wiederkommen,
Und du gingst und kamst
Und kamst nicht fort von dieser
Stelle.

Aufschläge 6841 - 6843

Ich war in mir der
Automat,
Ich liebte und ich liebte nicht
Und ging und kam
Und tat's und tat es nicht,
Und jemand rief in mich hinein,
Und er berief sich auf die
Menschlichkeit,
Und man verstünde es, wenn ich doch einmal
Hassen könnte,
Und ich hätte es getan,
Und nirgends fand ich einen Grund,
Ich hätte einmal lieben sollen,
Ja, ich hätte mich dabei zerstören dürfen,
Und ihr spracht mit mir, ich stand daneben,
Und ich sah, wie sich die
Menschlichkeit als räuberischer
Flugball über Netze schlagen ließ
Und blieb doch schließlich darin hängen.

Vieles, was ich hörte, fraß ich auf,
Und keine Antwort kam,
Ich dachte an den Arzt, den Heiler, der aus
Mitleid tötete, und an den anderen,
Der blieb dadurch am
Leben,
Und ich hütete mich, öffentlich nach einem
Grund zu fragen
Und besuchte einen

Friedhof, den hatt ich mir selbst geschaffen,
Tief in mir,
Und andersfarb'ner Sonnenschein lag auf den warmen
Gräbern.

Zwischen
Weisheit und der
Liebe ging ein schweres Pendel,
Das wurd dem, der einmal nur den
Kopf hineinhielt, gleich zum
Fallbeil.

Aufschläge 6844 - 6846

Jedes deiner
Worte hatte einen eignen Mund,
Sie griffen an,
Und sie verbissen sich an mir,
Du sagtest auch, du hättest es nicht so gemeint,
Das war der
Würgebiss in meine Kehle,
Und ich schlug sie alle ab
Und stieß dich weit zurück
Und hatte diese kurze Ruhe, bis das
Pendel auf dem
Rückweg war, das hielt genau auf mich,
Ich öffnete die
Tür in meinem Rücken, floh hinein
Und lehnte mich dagegen,
Und der Schlag, den ich erwartete,
Entartete zu einem zarten Klopfen,
Und der Schlüssel steckte fest,
Ich schloss dich aus,
Und rückwärts stieg ich auf in einen
Turm, der war im
Aufgang angefüllt mit deinen
Selbstportraits,
Die endeten nicht vor dem Ausstieg,

Und sie zeigten dich auch immer wieder
Völlig anders.

Dann stürzte die
Libelle mitten in dem
Lichtflug ab,
Sie fiel auf Sand,
Und sie bewegte sich nicht mehr,
Sie konnte ihre
Flügel wirklich nicht an ihren Körper legen,
Und ich hob sie auf, sie war schon ausgetrocknet,
Und am
Himmel zog der große
Haken wilder Gänsevögel,
Und das
Rauschen ihres
Fluges drang bis her zu mir,
Und ihre
Eigenart berührte meine
Hand, die schlug ganz kläglich aus
Und flatterte vergeblich.

Im gewölbten blanken
Chrom sah ich mich wieder,
Und ich dachte auch, wie wahr ist wohl dies
Zerrbild,
Und ich konnte doch nicht die
Gesichter all der
Menschen, die ich mir zum
Spiegel machte,
Groß befragen.

Aufschläge 6847 - 6849

In meine
Hände maltest du mir bunte Ornamente,
Und dies seien
Zeichen für den Krieg,
Nein, das verstand ich nicht,
Ich war ein
Bäcker, der war immer übervoll mit
Mehl bepudert,
Und ich war ein
Nachtarbeiter, der schlief tags,
Auch malte ich mir meine eigenen
Gemälde in das weiße Pulver,
Und ich liebte sie,
Ich konnte sie so leicht verwischen,
Und das
Backwerk wusste nichts davon,
Und auch, wer davon aß, war ahnungslos,
Nein, ich verstand die bunten
Ornamente wirklich nicht.

Ins Kirchenfenster setztet ihr die neuen
Scheiben ein,
Ich sah euch lange zu,
Ihr hattet alles bestens vorbereitet,
Und der
Raum, die Wände, tauchten in ein schwaches
Rotlicht,
Und ich dachte an den
Unglücksberg,
An ihm war die
Maschine aufgeschlagen und zerstört,
Und dieser
Berg des Unglücks lag nun aufgebahrt
Vor mir.

Meine heiße
Stirn verlangte Kühlung,
Und ich zögerte vor einer
Eiswand,
Und ich hätte sie so gern berührt,
Und wusste doch, dass meine
Haut daran verkleben würde,
Oder dass ich würde warten müssen,
Bis das
Eis sich meinen
Kopf erobert hätte.

Aufschläge 6850 - 6852

Noch hingen alle
Blicke fest im
Augenbaum und reiften,
Täglich ging ich hin und prüfte,
Irgendwo entsprang ein
Quell dem jungen Zweig,
Den ließ ich dort gewähren,
Und es war der
Zipfel eines Traumes aus der
Jugendzeit, der reichte bis hierher,
Im Gras darunter quälte sich ein
Taubentier, dem wuchsen
Wucherungen an den Krallen,
Und ich konnte ihm nicht helfen,
Und im
Hintergrund stand zur Erinnerung das
Pappbild eines leprakranken
Jungen, der litt Hunger und verzweifelte,
Und über mir im
Baum tat sich sonst nichts,
Und täglich kontrollierte ich genau
Und dachte auch, ein
Arzt sollt kommen und sich um die
Wurzeln kümmern,

Und ich stand so fest und hatte kein
Vertrauen,
Und man hatte sich doch schon einmal
Um mich bemüht,
Und damals war ich unter diesen
Früchten.

Wir hörten ein
Konzert in einem
Zimmer voller Galionsfiguren, die noch an den
Rümpfen der gesunk'nen Schiffe saßen,
Und sie lagen tief im
Meer,
Der ganze Saal stand bis zu seinem
Ende völlig unter Wasser,
Und man schmeckte von dem Salz,
Das stand auf unsren Lippen.

In dem
Flur, den ich nach oben ging, lag eine schwere
Kette, daran hielten sich die
Wartenden,
Und mich, der nichts in
Händen hatte, ließen sie vorbei,
Und immer wieder müsse man,
So sagten sie, mit
Leuten leben, so wie mich.

Aufschläge 6853 - 6855

Am
Horizont, der hinter diesem
Tag entsteht, geht Schweigen auf,
Ich bin der fremde
Mensch, der in dem Reisebus verschleppt wird,
Und ich zahlte noch dafür,
Und über meine
Eintrittskarte sollt ich lachen,

Sie wurd mir zum
Fahrstuhl, dessen Seile rissen,
Niemand reservierte diesen
Platz, er war nur mir bestimmt
Und hätte jeden andren aufgenommen,
Und die Fahrgeräusche kann ich mir erklären
Und auch den Zusammenhang, warum ein
Fahrzeug fährt,
Und ich verstehe diesen komplizierten
Lenkvorgang genau und sehe doch nur
Einzelteile, die sich nicht
Zusammenfügen lassen,
Und ich bin ein
Fachmonteur, der richtet nichts mehr aus,
Der schnallte sich aus
Sorge um sein Leben an.

Vor jedem stand ein kleines
Glas, wir stießen an,
Es mochte sein, dass es ein
Abschied war, vielleicht auch,
Dass wir uns grad kennenlernten,
Und ich trank in einem
Zug und glaubte, dass man das von mir erwartete,
Und das Getränk stand mir in meiner Kehle,
Und ich flammte auf,
In euer Lachen drängte sich ein wenig
Mitleid, und aus einer Ecke lugte auch ein wenig
Liebe,
Beides war von hier nicht zu erreichen.

Ich wollte dir begegnen,
Und du wichst den
Blicken nicht mehr aus,
Und dass du schließlich lächeltest, ließ meinen ganzen
Mut zusammenbrechen,
Und ich hatte dir noch nicht einmal die
Hälfte anvertraut.

Aufschläge 6856 - 6858

Du sagtest so zu mir:
„Sitz still am
Tisch, das Leben kommt zu dir,
Du brauchst dich nicht darum zu kümmern,"
Und ich saß und
Wartete, es tat sich nichts,
Ich schrieb es auf,
Dann sprach ich in ein
Suchgerät, das hatte keine Antwort,
Und ich dachte auch, vielleicht
Hätt ich mich ja geirrt im
Sitzplatz oder in dem Tisch
Und dachte auch,
Du hättest mich belogen,
Und ich sah zu dir, du warst im
Spiegel, so wie ich,
Und aus dem
Tischholz hattest du den
Wellengang geschnitzt,
Der lag bei dir auf einem Meer, die
Späne waren längst als
Fische, Vögel, Wolken und als
Boote abgetrieben,
Und du selbst warst auf dem
Sprung in eine andere
Ebene.

Wir machten eine
Tagesreise mit dem
Fahrzeug, die begann im dichten Nebel,
Und ich sah nicht, dass sich
Irgendetwas außerhalb bewegte,
Und wir stiegen drei, vier
Stunden später wieder aus,
Es war die gleiche Straße,
Und der
Anfang war das Ende, ohne jeden Unterschied

Und war auch umkehrbar,
Und alle waren sehr betroffen.

Danach war es so, dass das, was ich erlebte,
Vor mir lag,
Ich kannte es genau, bevor es mir geschah,
Es konnte nicht ein zweites
Mal danach geschehen.

Aufschläge 6859 - 6861

Wir sprachen über uns,
Du hattest damals in den
Baumstamm, der war jung wie wir, das
Herz geschnitzt,
Und nun war es in all den
Jahren über dich gewachsen,
Und es schlug so hoch,
Du konntest nichts dafür,
Es auch mit nichts erreichen,
Und du weißt, ich ritzte auch ein
Herz in jenen Stamm,
Wir sahen uns bei unsrer Arbeit an,
Und mir begegnete es heut
Lebendig wieder und es schlug,
So eingeschnitten, wie es war, in einer andren
Brust,
Es hatte sich für mich gelohnt,
Es war etwas daraus entstanden,
Das war frei
Und hatte mich auch nicht
Zurückerkannt.

Später, als ich über die
Verwandlung sprach, wurd ich nach
Einzelheiten ausgefragt,
Und an der
Kleinigkeit, ich hatte sie die vielen

Jahre übersehen,
Wurde ich entdeckt,
Es war, dass mir das
Herz mein Blut nun immer häufiger ins
Freie presste, und das
Harz lief viel zu langsam
Aus der Wunde ab.

Außerdem verlangte niemand meine Abkehr,
Und die Himmel waren ein
Besitz, die schoben sich als
Lieblingstiere auf die Füße,
Und sie wärmten oder kühlten mich
Und waren angenehm
Und blieben immer
Unter mir.

Aufschläge 6862 - 6864

Ein
Apfel hing im Baum,
Ich hatte ihn mir gestern angesehen,
Als der
Mund an ihm entstand und aus ihm wuchs,
Es war ein wohlgeformter, fast schon roter
Mund, der reifte noch,
Und heute kam ich dann zurück,
Man hatte diesen
Mund brutal herausgebissen,
Und der
Abdruck war noch frisch,
Und eine glatte
Beißspur unbekannter Zähne
War so tief ins Fleisch gestoßen,
Und ich hatte eine
Kriegsuhr erstmals von der einen
Und danach von einer andren
Seite miterleben müssen.

Durch meine
Hände liefen Bänder schöner Farben,
Und ich sah an einer
Längswand zweiunddreißig Mädchenbilder,
Davon war das eine immer schöner
Als das andere,
Und jedes andere so schön wie keines,
Und man nahm mir meine Bänder,
Und ich gab sie her und schlug durch ihre
Mitte, dort, wo sie sich überlagerten, den
Nagel,
Und es war die
Kreuzigung der Farben, die traf mich direkt ins
Blut,
Die Mädchen zuckten in den
Rahmen.

Dein
Lieblingsinstrument zerbrach,
Es war ja ungeschickt von dir,
Es über eine
Treppe mitzunehmen,
Und du hättest niemals darauf spielen dürfen,
Sagtest du dir jetzt, so sehr standst du im
Schmerz,
Und es war nur die
Schuld der Treppe,
Sie war viel zu roh
Und viel zu schnell
Treppauf, treppab gelaufen.

Aufschläge 6865 - 6867

In deinem
Land wusch man noch liebevoll die
Füße Fremder,
Und es röteten sich von der
Nässe alte Narben, und in dem
Gesicht erkannten wir die eingelassnen
Zeichen einer Schrift und andre wieder,
Und in dem
Spaziergang drückten mich
Gedanken, bis ich stehen blieb und schwankte,
Und ich zwang mich, zu vergessen,
Nur um fortzukommen,
Und ich sah mich auf dem
Bahnsteig neben einem
Eilzug laufen, der fuhr grade ein
Und müsste ohnehin gleich stehen bleiben,
Und es rollte
Tür um Tür, nun immer langsamer, vorbei,
Es würde schließlich irgendeine
Halten.

In deinem
Ohr sah ich ein Goldgehänge,
Das bedeutete dir wenig,
Und du konntest es auch selbst nur vor dem
Spiegel sehen,
Trotzdem ließ es dich vergessen,
Und bei deinem
Ausgang spürtest du dir
Arme wachsen an dem Kopf,
Der war weit über dir
Und schwebte frei.

Durch das
Fenster drangen zwei, drei
Lichtkristalle, die auf meinen
Mantel fielen,

Und sie brannten Löcher in den Stoff,
Doch der verschloss sich gleich nach ihnen wieder völlig,
Und ich wartete auf einen
Schmerz, der kommen, durch den
Mantel fallen musste,
Und zu meinem
Glück ging ganz genau in diesem
Augenblick die
Sonne unter.

Aufschläge 6868 - 6870

Ein
Richter sprach das Urteil,
Danach war das
Tier wertvoller als der Mensch,
Und dessen Leben gab man auf;
Es schob sich über unsre
Erde eine andre Haut, die war voll
Hindernisse,
Und es richtete der neue
Mensch sich ein zu überleben,
Und sich selbst verbot er jenen
Spiegel, der vergrößerte und den, der alles
Gleich verkehrt herum und auf den
Kopf gestellt erscheinen ließ,
Und er verbot sich selbst auch den, der
Doppelseitig reflektierte, weil die
Bilder sich darin nie deckten,
Und erlaubt war nur das
Glas, das spiegelte und doch den
Durchblick freigab,
Und die
Frauen zogen ihre Männer fort von ihren
Schößen, dass sie ihren
Mund nicht fänden,
Und sie waren krank vor
Eifersucht auf sich,

Und ihre
Männer waren nur ganz langsam zu
Bewegen.

Ich fand in deinem
Zimmer wenig Platz,
Und erst die fremde
Sprache, die ihr spracht,
Die ich nicht erkannte, riss die
Wände ein, dass ich verloren ging
Und lange nach mir suchte,
Und ihr hattet keinen, der hier
Übersetzte.

Tagelang lag weißer
Nebel über unsren Schienen,
Und es mochte sein,
Dass man von außerhalb mit einem
Zugriff hinter diesen
Vorhang schauen konnte,
Und ich suchte ihn
Von mir aus zu erreichen,
Und nur einmal stieß ich eine
Fensterscheibe dabei ein,
Die
Scherben fielen gleich nach draußen,
Und ich lebte in sehr großer
Höhe.

Aufschläge 6871 - 6873

Als
Läufer auf dem Baum hing ich kopfüber im
Geäst und sah nach unten,
Und es war nicht meine
Angst hinabzufallen sondern
Dass man nach mir werfen würde,
Und ich hatte ja den

Tisch schon ausgemacht, von dem ich hätte
Essen und auch trinken können,
Der lag hinter einem
Stubenfenster,
Und davor stand jemand, der die
Frühstücksbrote zählte, um sie aufzuteilen,
Und es blieb nichts für mich übrig,
Ich ging leer aus,
Und es hätte nichts genützt, wenn ich in meiner
Kunst auch über jene
Fensterscheiben noch so sicher
Laufen würde.

Später stand ich vor der
Borke eines Baumes,
Und ich malte eine
Einzelheit daraus auf das Papier,
Ich hätte diesen
Auftrag auch vergeben können,
Aber niemand wusste außer mir von dem
Gesicht darin, das wollt ich finden,
Und auf manchem
Dachfirst hockten Augenzeugen, die zu mir
Herüber sahen.

In dem
Zimmer lagen Reste eines gold'nen
Tuches, daraus schnitt ich kleine
Streifen und auch Punkte, die
Verklebte ich an mir als Lichtblick,
Und die
Menschen kamen nah an mich heran
Und rührten auch an meine Haut,
Doch die blieb unberührbar,
Und das Gold war nichts als
Blendung, das verschwieg ich
Niemandem.

Aufschläge 6874 - 6876

Mein
Fahrzeug zwang mich, auf dem
Korridor zu halten,
Vor mir war die
Straße aufgebrochen, ja, die
Spalten hatten seitlich Steine angehäuft,
Die waren hingespült und
Winde legten sich darüber,
Und die
Stadt, vor mir stand schemenhaft im fensterlosen
Rotstein, das war die
Versteinerung, die streckte ihre Wurzeln bis hierher,
Die warfen diesen Fahrweg auf,
Ich schrieb auch Briefe, die ich sammeln musste,
Weil kein Bote kam,
Und Lichtsignale, welche die Maschine für mich sandte,
Blieben ohne Antwort von dort drüben,
Und ich kam nicht mehr voran.

Hinter mir befand sich jemand, der ein rotes
Dreieck trug, das löste sich mit einer
Seite völlig an dem Menschen auf,
Er wollte sich nicht jede
Blöße nehmen lassen, sagte er,
Und mir erschien es grade umgekehrt,
So weit war er entfernt, und sein
Geheimnis sprang mit einem
Satz bis her zu mir,
Ich wollte es nicht haben,
Und ich wehrte mich umsonst,
Der andere berief es nicht.

Dann dachte ich zurück, soweit ich konnte,
Und es reichte nur bis jetzt,
Vor meiner
Tür geschah das Grubenunglück,
Und die

Gänge waren eingefallen,
In der absoluten
Ruhe hörte man das Knirschen,
Und man wusste nicht, woher es kam,
Und ich war glücklich dran,
In meinem Zimmer brannte unentwegt die
Lampe, die hielt mich am Leben
Und versorgte mich mit Licht.

Aufschläge 6877 - 6879

Ich saß an einem
Tisch, der schwer im Fieber lag,
Und niemand wusste etwas über seine
Krankheit,
Und ich war doch täglich hier gewesen,
Und ich musste ihn verlassen,
Und es kamen andere,
Die schlugen vor, ihn zu verbrennen,
Und ich stimmte zu,
In mir war nichts, das an ihm hing,
Und wenn ich damals
Tränen auf das Holz hatt fallen lassen, die dort
Löcher hinterließen,
Mochte er mir nun verzeih'n,
Ich wollte auch die
Augenblicke nicht bereuen, als ich über ihm den
Sack Verzweiflung öffnete und mich auf ihn geworfen hatte,
Auch das darauf abgetropfte
Wachs von meiner Tagekerze,
Welches ohnehin schon weich war,
Sammelte ich nicht mehr ein
Und ließ den unbegabten
Feuerwerker seine Arbeit machen,
Diesmal brannte ich von innen aus,
Ich war in schlechten
Händen.

In den nächsten
Tagen sollte sich die Erde kräuseln,
Und man wusste wenig über diesen Zustand,
Es war nur bekannt, dass er sich jährlich wiederholte,
Wäre es an mir geschehen, hätte ich den
Grund genau gewusst,
Auch wär der
Abstand zwischen dem Erscheinen
Viel, viel kleiner.

Als ich an das
Tor nach draußen kam, erschrak ich sehr,
Es war aus
Eisenstäben und versperrte gänzlich diesen
Durchgang,
Und auf beiden
Seiten war ein Druckknopf, den man kurz bedienen musste,
Und das
Scherengitter schob sich völlig ineinander,
Und sofort entstand die
Sehnsucht, es zu schließen,
Dieser
Vorgang war kaum abzuwarten.

Aufschläge 6880 - 6882

Es ist ein
Zufall, dass wir Fliegentiere sehen können,
Und ein
Zufall ist es, dass uns nur das
Licht die Sichtbarkeit verspricht,
Und in der letzten
Nacht erwachte ich vom Telefon,
Ich nahm den
Hörer ab und niemand sprach,
Und so sprachst du zu mir,
Und nicht einmal dein
Atem war zu hören,

Und ein zweites
Mal in dieser Nacht nahm ich nur ab,
Dann unterbrach ich die Verbindung,
Und nun hattest du mich ganz,
Mich schlug der Schlaf danach,
Und meine Hilferufe rissen mir die
Lippen auf, der
Traum erlautete und drang nach draußen,
Und die
Marionette öffnete den Mund,
Und es war nun an mir zu reden,
Und die falschen Ohren, die mich hörten,
Nahmen gar nichts wahr,
Ich hatte auch gesehen, dass der
Schnee, der gestern noch auf
Zweigen saß, nun angetaut und abgerutscht,
Nach unten hing und dort gefror
Und festgehalten wurde,
Überall war unser
Schnee an Ästen hochgeflogen,
Keiner achtete darauf.

Als ich kam, sah ich dich nackend auf der
Heizung hocken, deinem
Morgenmantel wolltest du nicht trauen,
Und die Wand, in der der
Haken saß, an dem er hing,
Gab keine Wärme ab,
Du würdest dich in ihm erschrecken,
Und dein
Blick ließ nicht von ihm.

Du triebst auch den
Gedankenmissbrauch an dir selbst,
Der stand bei mir schon lange unter
Eigenstrafe.

Aufschläge 6883 - 6885

Du warst verletzt, zwei
Stöcke stützten dich, zum
Atmen lehntest du dich an die Holzwand,
Früher hättest du darüber niemals nachgedacht,
Zu deinen
Füßen fiel ein
Eiskristall aus einem winterlichen
Baumgeäst in eine kleine Straßenwunde,
Du beneidetest die um die Kühlung,
Über dir hing noch der
Himmel voll davon,
Und irgendetwas, irgendeiner trank dich aus,
Ich sah dir aus der Ferne zu, die
Lieder, die du leise sangst, erreichten nicht mein
Ohr,
Auch war's von dem, was du dir sagen wolltest, viel zu
wenig,
Und du wendetest dich immer wieder an die
Stützen, deine
Lehnwand, an die
Eiskristalle und die Straßenwunde,
Das war nicht genug.

Auf dem
Weg stand neuerdings das kleine Warnschild,
Und dahinter lag ein blanker
Strahl, der tödlich war,
Sonst gab es nichts,
Es wäre alles meine Schuld,
Der kleine Diebstahl, den ich machte,
War zum
Schluss nur das Versagen anderer, befand man,
Und es wäre wirklich nichts.

Meine
Freiheit stand ganz plötzlich außerhalb,
Ich musste immer erst die

Haustür hinter mir verschließen,
Und die Freiheit, die ich für mich meinte,
Lag in meinem Mittelpunkt,
Ich selbst war ihre
Eingangstür.

Aufschläge 6886 - 6888

Ich sah den
Duft der Blüte, die war noch versteckt in einer
Knospe,
Und aus kalter
Erde stach das erste Grün,
Und ich besah mir alles aus der Nähe,
Einfach war es nicht für mich, sich abzuwenden,
Und du wendetest dich einfach ab,
Dem
Wind erlaubtest du noch immer, dir ins
Haar zu greifen,
Und die
Kleider lagen eng an dir von ihm,
Du hieltst dich mit den
Augen irgendwo in einer Ferne fest,
Mir war es recht, dass du mir
Unrecht tatst,
Ich konnte nichts damit beginnen,
Auch der
Mantel, den du offen trugst, schlug um,
Ich staunte, dass die dunklen Stoffe sich in
Seide,
Samt und
Blech, das dünn gehämmert war, in ihrer tiefen
Schwärze voller
Wehmut voneinander unterschieden,
Ohne diesen
Wind stündst du in deinem schwarzen
Kleid in Trauer da.

Das
Warnschild stand noch immer hoch,
Ich sah mir seinen
Rücken an,
Dort war kein
Hinweis auf die
Vorderseitentödlichkeit,
Ich ließ ein ganzes
Jahr vergehen zwischen dir und mir,
Und wir verloren wohl am meisten in den ersten
Tagen an
Entfernung.

Ich hätte gern gefragt und nachgesehen,
Doch du hättest es bemerkt,
Und meine beiden
Helfer hielten sich in einem ganz bestimmten
Abstand zu dir auf,
So konnte ich dich gut in mir
Vermessen.

Aufschläge 6889 - 6891

Drüben auf dem
Nachbargleis begann der
Fernzug seine Reise,
Und der
Dachschnee fiel am
Ende als ein weißer Schleier auf die
Schienen,
Ich war mitgefahren, stand im letzten
Fenster,
Und was hinter mir verwirbelte, war die
Erinnerung, die machte Platz für die
Erleichterung, die breitete sich endlos aus und
Blieb mir für die ganze
Fahrt als weiße Fahne auf den
Fersen, bis zum Schluss, dann holte sie mich

Wieder ein,
Ich saß ja auf der andren
Bahnsteigseite unter den
Zurückgebliebenen.

In meinem
Mund erfuhr ich von dem
Mädchen, das war in der
Liebe tödlich krank
Und stand auf einem Fenstersims,
Man holte es zurück und stritt mit ihm,
Weil es verboten wäre, was es tat,
Und diese
Krankheit war so schlimm,
Es sprang vom nächsten
Hochhaus ohne jede Sicht in dichtes
Treiben weißen Schnees,
Sein Fallen mochte bis zum
Aufschlag nicht beendet sein
Und war nicht abzusehen
Und blieb ungewiss.

Man rief mir nach, ich hätte
Einzugreifen und ergriff mich fest,
Ich sollte wenigstens den
Mund auf kalte Schienen legen,
Die fand aber niemand unter hohem
Schnee,
Und später hatte man mich dann vergessen,
Als ich schmolz und unbemerkt
Verlief.

Aufschläge 6892 - 6894

Wer dich nicht kannte, konnte mich nicht kennen,
Was du redetest, sprachst du durch meinen
Mund,
Ich sprach für dich,
Die Schlote reichten weit bis in die Wolken,
Und man konnte nicht den
Rauch von den Naturgebilden unterscheiden,
Hinter mir stand die
Maschine,
Und ihr
Stampfen wurde mir zum Herzschlag,
So schlug außerhalb mein Puls,
Und meine
Arbeit lehnte irgendjemand ab,
Er konnte keine
Mehrheit dafür finden,
Und die andren hatten einen
Gipfelstürmer vorzuweisen,
Der stand wohlgerüstet und trainiert am
Fuß des Berges,
Und ich saß hier oben ganz allein
Und brauchte wirklich keine Hilfe,
Und ich sollte immerzu
Getrost sein.

Meinen
Heimweg machte ich umsonst,
Und nirgends lagst du auf der Lauer,
Und an einer
Straßenlampe lehntest du und rauchtest eine
Zigarette, die war wichtiger als alles andere,
Du überhörtest meine
Schritte ganz absichtlich,
Und du sahst mir auch nicht nach,
Ich mochte mich, so oft ich wollte, nach dir
Umschaun.

In der
Tageszeitung war ein seltner
Vogel abgebildet, den sah man im
Flug,
Ich schnitt ihn sorgfältig heraus und gab ihm seine
Freiheit,
Das war immer noch ein wenig mehr
Als wäre er am
Leben.

Aufschläge 6895 - 6897

Ich dachte dabei auch an dich,
Ich hatte in das
Fensterglas gegriffen, weil dahinter eine
Landschaft stand,
Und es zerbrach sofort,
Die schöne Aussicht lag zersplittert auf dem
Boden,
Und ich war verwirrt, die
Scherben waren alle in den
Raum, in dem ich mich befand gefallen,
Und auf ihnen sah ich gleich das
Mosaik der Landschaft durcheinander liegen,
Drittens hatte sich die
Freiheit zwischen meinem
Daumen und dem Zeigefinger
Eingeschnitten,
Und ich blutete,
Doch tropfte dieses
Blut nicht bis nach unten
Sondern es verging im
Fallen,
Und es blieben außer meinen
Schmerzen keine Spuren, auch das
Tuch, mit dem ich alles überdeckte, blieb
Ganz rein.

Später sah ich, dass der
Riss an meinen Fingern, hier nur ihren
Anfang nahm,
Und wo ich ging und stand, schnitt er sich in den
Grund,
Und es verlief wohl unter jeder
Oberfläche, denn ich konnte ihm mit meinen
Augen folgen,
Alle andren sahen nur die
Wunde,
Und die endete für sie an mir
Und fand nicht ihr
Intresse.

Irgendjemand schlug aus einem
Hinterhalt nach mir,
Mit einem
Stock, vielleicht sogar mit einer Stange,
Doch er traf nicht gut,
Er brach mir nur ein kleines
Stückchen Glas aus meinem
Schädel, das verwirbelte ein wenig
Und blieb neben mir im freien
Raum und fiel nicht auf den
Boden,
Ja, ich konnte es ergreifen
Und für mich verwahren,
Und es war ein leichter
Unfall, der fand täglich statt.

Aufschläge 6898 - 6900

Du fragtest mich nach den
Geräuschen aus der Nachbarschaft und sagtest,
Dass ich mir nun alles merken müsste,
Und du kämest wieder, um mich auszufragen,
Und ich lebte doch allein,
Das konntest du nicht übersehen haben,

Und ich sah mich um,
Es lebte niemand um mich her,
Ich war auf dich gut vorbereitet,
Und die nächsten Tage saß ich nur und lauschte
Und schrieb die
Geräusche, die ich nicht erklären konnte auf,
Sie passten gut in dieses Bild,
Vom Strand her holte ich mir trocknen
Sand in meine Zimmer,
Den ließ ich mir unablässig
Durch die
Finger laufen.

Als ich aus dem
Hause ging, war ich zu langsam,
Und es fiel dir auf,
Du spottetest, dass ich doch alles,
Was es nicht zu sehen gäbe,
So genau betrachten müsste,
Ja, es fiel mir selber auf,
Und meine
Eile war mir schmerzlich,
Und es regnete aus allen
Ecken plötzlich dieser
Abschiedshagel auf mich ein,
Der schlug mir weiße
Körner ins Gesicht
Und auf die Hände,
Und ich floh vor dieser
Wahrheit und stand völlig still
Und gab dir recht.

Durch die
Landschaft zogen sich die schnurgeraden
Linien superschneller Reisezüge,
Denen wuchs, weil sie wohl in dem
Wetter lebten,
Dieses enggeschmiegte, blanke
Fell,

Das konnte man nur dann entdecken, wenn sie hielten
Und man mit den
Fingern gegen ihre
Richtung fuhr.

Aufschläge 6901 - 6903

Zwischen jedem
Stockwerk hing im
Treppenhaus ein Netz,
Ein Selbstmord sollte dadurch sinnlos werden,
Und die Haken, die die
Netze hielten, waren durchgerostet
Und verblutet,
Und es kam hier niemand mehr auf den
Gedanken, sich zu töten,
Und ich sah es so:
Den schlanken
Pfeil, den ich mir noch nach altem
Vorbild angefertigt hatte,
Schoss ich von dem
Bogen ab und traf im
Zufall den Planeten, der zersprang,
Und seine
Brocken fielen nicht auf mich herab,
Sie blieben in der Bahn, der
Pfeil darin kam nicht voran,
Er steckte nur als
Stock tief unter ihnen
Und kam nicht zu mir zurück,
Es ging so viel verloren,
Das ich hatte nicht bedenken können.

Alle Straßen führten hin zum
Platz, der war der Mittelpunkt,
Dort stand die übergroße
Schachtel,
Und auf ihren

Innenseiten trug sie große
Kunstgemälde, die man sonst nicht sah,
Es waren
Worte eines unsichtbaren und vorhand'nen
Phantasiegebildes,
Und man zweifelte daran,
Obwohl man alles wusste.

Ich schlief auf dem Gerüst,
Und unten standen
Menschen, die mich riefen,
Und ich wachte auf
Und konnte mich nicht zeigen,
Irgendjemand hatte mich im
Tiefschlaf angeschnallt,
Und meine Rufe gingen unter,
Und man hatte mich gewarnt
Und riss nun alles ab
Und fand mich nicht
Und ließ mich in der
Höhe einfach liegen.

Aufschläge 6904 - 6906

Der
Wind ließ mich in Ruhe
Und sprach nun mit trocknen
Blättern in der Hecke,
Auf der
Erde stieß mein
Fuß versehentlich an einen kleinen
Ring aus Goldmetall,
Der hob sich ab und flog in steilem
Bogen an den Lichtmast,
Der erklang im Aufprall, eine
Glocke, die nur einen Anschlag hatte,
In der letzten Dunkelheit, erinnerte ich mich,
Wurd in den hohen

Bäumen jedes Nachtgeräusch mit einem
Löffel umgefüllt,
Es mochten aufgeschreckte
Taubentiere sein, die meinen
Kopf durchirrten,
Und ich zählte auch die kaltgestellten
Flaschen, die man meinetwegen öffnen wollte,
Und an meiner
Seite redete mir die
Studentin voll Begeisterung vom
Tod der Krankenhauspatientin,
Der war nachweisbar gewesen,
Und er stimmte überein mit jeder Theorie,
Das Mädchen sagte auch, dies sei ihr erstes
Sterben.

Ein neuer Frühling kam,
Ich sah mir eure
Bilder an, sie grünten,
Und es würde kaum noch dauern bis zur
Blüte,
Irgendwann müsst ich die
Netze meines Denkens flicken,
Überall drang Wasser ein, das mich
Gefährdete.

Zweimal schenkte ich dir Blumen,
Und es waren nur Versuche,
Und ich sah, dass sie nicht in der
Vase blieben, sondern sich entwurzelt über
Tische, Stühle auf den
Boden fallen ließen,
Und die
Stengel bohrten sich hindurch,
Ich wagte es kein
Drittes Mal.

Aufschläge 6907 - 6909

Aus einem
Rauchpilz fielen
Ascheteilchen auf den
Mantel, der war dunkelblau,
Ich hatte mir zuvor die durchsichtigen
Wände meines
Zimmers zugeklebt mit einzelnem
Papier, das war als
Stein auf Stein gemauert,
Und es reichte nicht,
Ich selbst war immer noch berührbar,
Und das Zimmer war sehr klein,
Als
Wohnraum viel zu eng zum Leben,
Und ich nahm die
Blätter wieder ab
Und heftete sie mir auf meinen nackten
Leib,
Sie schmiegten sich als
Federn eng an mich,
Mit meinen
Armen machte ich die
Flugbewegung großer
Vogeltiere.

Anderntags vergaß ich meine
Arbeit und schrieb den
Bericht an eine
Zeitung, darin sprach ich von dem
Meisterwerk,
Das sah sonst keiner,
Und ein
Fischer wurde dargestellt,
Der fuhr mit seinem
Boot auf einem See, man sah, die
Oberfläche war aus Glas,
Das hielt ihn fest, und

Boot und See und Fischer waren aus demselben
Guss,
Und sie verharrten völlig,
Und die
Landschaft wuchs allmählich um die
Lauschenden ,
Und der
Betrachter achtete auf alles, was er
Hörte.

Wir stiegen in ein
Fahrzeug, um zu fliehen,
Und, wenn wir den
Platz erst hinter uns gelassen hätten,
Würde keine
Not und keine Angst
Und keine Freude und kein
Mensch mehr bleiben,
Und es blieb der
Fluchtgrund, den wir mit uns nahmen,
Hier zurück.

Aufschläge 6910 - 6912

Vor den
Häusern trat ich an das Ufer,
Irgendjemand sprach zu mir von
Inseln, die dort draußen lägen,
Und sie täten wohl,
Ich mochte es kaum glauben,
Und ich dachte an den blankpolierten
Nussbaumschrank in einem
Zimmer, das mich kürzlich aufgenommen hatte,
Darauf ruhte eine halb ovale Wasserkugel,
In der höchsten
Kappe war ein wenig
Luft als Blase eingeschlossen,
Als ich warten musste, sah ich dort hinein

Und fand mich auf der
Oberfläche abgebildet, eine
Spiegelei in Flüssigkeit,
Und damals sprach mich gleich danach die
Unbekannte an, sie hätte mich sofort erkannt,
Ich sollte unbedingt berichten, wie es mir
Ergangen wäre an dem
Sandstrand vor der Häuserreihe.

Leere
Schiffe liefen aus dem Hafen,
Irgendwo erwartete man mich,
Und ich ging fort und sprach dann einen
Mann an, doch der wusste nichts
Und sagte auch, er könne mir nicht raten,
Und ich freute mich
Und hätte nicht gedacht, so schnell
Und so viel
Glück zu haben.

Eine
Frau begegnete mir auf der Straße,
Und sie schob ganz vorsichtig und langsam einen
Kinderwagen, der war schwer zu lenken,
Und sie lehnte meine Hilfe ab,
Ich sah versehentlich hinein
Und blickte durch das klare
Wasser, das sie fuhr, bis auf den
Boden, darin war kein
Grund.

Aufschläge 6913 - 6915

Ich verließ die Stadt,
Und eine neue Jahreszeit brach an,
Ich suchte nach dem
Baum, darunter würden, sagte man,
Gesichter liegen, deren
Atem sollte von den
Düften junger Mädchen und von
Sinnen ihrer
Fröhlichkeit und Leichtigkeit durchzogen sein,
Man sagte auch, man sähe alles nicht sofort,
Und aus den Zweigen blinzelte ein Auge,
Auf der
Erde fand ich einen Mund,
Und junges
Grüngras legte sich als Stirnhaar auf die Seite,
Von der
Segelyacht, die ich verlassen hatte,
Rief man mir noch nach, die
Lustfahrt hätte jäh ein
Ende hinter mir gefunden,
Und mit eingeknickten Masten ging das
Stadtbild in den Wellen unter,
Meine Hände griffen wie nach Halt
Um ihre Stämme.

Alles musste ich beachten,
Und ich sah mich um,
Die eignen
Augen hockten überall,
Dann küsste ich die
Erde, die mich trug,
Weit unter mir, das wusste ich genau,
Würd mich kein Stein mehr tragen,
Und auch hier lief ich Gefahr,
Und auch den
Lippen blieb ein Sandrest liegen,
Der mich irritierte.

Hinter einer
Hütte brannte irgendetwas ab,
Ein blaues
Lichtgas schnellte mit den Flammen hoch
Und stieg so völlig senkrecht in die Sonne,
Das war ganz umsonst.

Aufschläge 6916 - 6918

Als es
Abend war, bemerktest du den
Tag, der nun vorüber war,
Und ich erinnerte dich an das junge
Mädchen, das vom
Hochhaus in das dichte
Treiben weißen Schnees gesprungen war,
Und morgen früh und überhaupt von nun an
Würde ich zu jedem
Dachrand sehen, das wär völlig sinnlos,
Manchmal war ich auch hinaufgegangen,
Hatte mich dort umgesehen,
Und es war ja nichts gewesen, bis auf jenes eine
Mal, das war dann viel zu spät,
Und morgen früh würdest du bestimmt
Auf deinen heißen Kaffee achten,
Und ich ging noch diese
Nacht aus unsrem Haus,
Warf lange, dicke
Seile übers Dach und die verankerte ich draußen in der
Erde.

Vor dem
Fenster standen Arbeitsmänner, die ein
Netz in ihren Händen hielten,
Und sie spannten es in eine
Häusernische,
Und dahinter lag kein

Fenster, wie vor mir,
Es war auch keine
Öffnung in der Wand,
Es war nur dieser eine
Zugang möglich.

Als du warten musstest, drehtest du im
Spiel den Schuh an deinem Fuß,
Der saß sehr fest,
Du prüftest ihn von allen Seiten,
Deine Finger hattest du gepflegt und deine
Hände hieltst du ordentlich,
Dann zupftest du dein
Kleid zurecht,
Ich wagte nicht dich anzusprechen,
Viel zu sehr warst du mit dir beschäftigt,
Und die Wartezeit war dir zu kurz.

Aufschläge 6919 - 6921

Draußen vor dem
Reisefenster stand die
Landschaft auf und eilte sich, an mir
Vorbei zu kommen,
Namensschilder rissen ein
Und blieben im
Vorbeiflug mit den
Fetzen in den Augen hängen,
Weit entfernt verharrte
Ganz unwirklich ausgeschnitten dieses
Tier, das ich aus Büchern kannte,
Und die Freifahrtlampen zündeten sich eigne, grüne
Sterne an,
In meiner Landebahn hatt ich den
Ausblick nur zur Seite,
Und was vor mir lag und wo die
Haut blieb, die man mir vom Körper zog,
Konnt ich nicht sagen,

Ja, es schien auch so, als stünd der
Ankunft irgendetwas noch im Wege.

Erst sah ich entgegen meiner
Fahrt und dann ihr hinterher ,
Es war kein Unterschied,
Auch waren alle Tage namenlos,
In
Wahrheit drehte sich dieselbe
Helligkeit ganz ohne jede
Unterbrechung um die Erde,
Und sie kam erneut
Und kam und blieb auf diese Weise,
Und es war nur allzu gut verständlich,
Dass der
Schwarze Punkt in meinem
Kopf verbleiben musste.

Was mich nicht verließ, war meine
Gegenwart,
Ich mochte noch so schnell sein,
Und ich war vor mir an jedem
Ort und kam mir stets
Entgegen.

Aufschläge 6922 - 6924

Die
Besichtigung des Turmes wurde abgebrochen,
Und auf halber
Höhe klaffte oben in dem Dach das große
Loch, das wollte uns den eignen
Himmel zeigen,
Wie erschraken und zugleich zog uns die
Tiefe an,
Wir mussten heftig mit den
Flügeln schlagen um nicht abzustürzen,
Und der

Weg zurück war sonderbar, die
Stufenhöhe hatte sich verändert,
Und sie war viel tiefer als zuvor,
Ich galt hier nichts und ging voran
Und führte die mir folgten,
Auch vorbei an einem Totenschädel,
Eben noch, beim Aufstieg war er heil gewesen,
Und er blutete ein wenig,
Und ich zog den
Handschuh aus und warf ihn über die
Verletzung,
Und ich selbst trug einen
Hut.

Früher lief ich oben auf der
Mauer, die war niedrig,
Und man hatte neuerdings die ganze
Oberkante mit Zement bestrichen,
Darin steckten aufrecht
Flaschenscherben,
Und man konnte nicht mehr auf die
Weite über allen
Köpfen achten ohne dass man sich
Verletzte.

Drüben standen lange
Spieße in der Erde,
Und sie zeigten gegen unsre Richtung,
Und sie konnten, ohne sich zu rühren
Tödlich sein,
Und man zog einen
Schutzzaun eng um sie herum,
Und unser aller
Wege führte auf sie zu, direkt zu ihnen,
Gegen ihre
Richtung.

Aufschläge 6925 - 6927

Ich setzte in das
Lachen einer jungen
Frau das Tageslicht,
Ihr saht mir alle zu und achtetet genau auf jeden
Handgriff, den ich machte,
Und ich zündete die
Kerze an, mit einem
Bügel konnte man sie auf- und niederschieben,
Alles fiel in diese Helligkeit,
Und aus der Glaskaraffe trat ein roter
Schatten Eigenlicht, das ließ ich auch aus meinen
Fingern fallen, die ich nah genug der
Flamme überließ, der
Schmerz stand auf der abgewandten Seite,
Und es blieb bei diesem einen
Lachen, das nicht endete,
Ins off'ne
Fenster stieg ein
Hahnenschrei, der ging auf einem
Tellerrand spazieren,
Alle saßen wir in einem warmen Zimmer,
Jeder hing mit seinem
Mund dem Rotlicht an,
Es stand noch lange in der
Kerze, in den
Fingern, in den
Augen, auf dem
Tellerrand und war ganz unter uns,
Man konnte es nicht fangen.

Flach war meine
Landschaft, und die
Berge, die ich schuf, verhöhnten mich mit
Meeresrauschen,
Und die
Ebene, nach der ich
Ausschau hielt, verspottete mich mit dem

Echo, das ich nicht erwartete,
Und meine
Hände waren warm und wären gern das
Nest für einen Suchenden geworden,
Hätte ich sie nur ein wenig
Öffnen dürfen.

Erst im nächsten
Augenblick erkanntet ihr das Unglück,
Und an meiner Haut war doch kein Haken,
Und ihr wart nun einverstanden, mich zu lassen, wie ich war,
Und Freunde konntet ihr an mir nicht finden.

Aufschläge 6928 - 6930

Im
Richtstrahl meiner Taschenlampe
Drehte sich ein großer Ball,
Es blieb für ihn an jeder
Stelle, die der Lichtstrahl traf, die gleiche
Helligkeit,
Ich zählte meine
Tage ganz umsonst, als ich noch auf ihm lebte,
Auch die Nächte waren stationär im
Raum, und nur die
Erde wechselte darunter weg,
Es kam mir das
Gespräch mit euch gelegen,
Und ich sah, dass ihr euch um die
Fliegentiere kümmertet, die mich so störten,
Und ihr hörtet meiner
Wahrheit zu und ließt nichts aus den Augen,
Und es war euch wert, dabei zu sein,
Ihr lachtet auch, als ich die
Sonnenfinsternis, die über alle
Kontinente lief, in Tage unterteilte und von ihrem
Aufgang sprach und von dem
Untergang.

Unter
Wasser konnten wir durch unsre
Technik miteinander reden,
Und es war die Eigenart in den
Gesprächen, dass wir uns nicht sahen,
Und uns alles ganz genau
beschreiben mussten, um uns zu verstehen,
Und wir sahen auch, in welcher
Höhe wir uns grad befanden,
Und es wäre ohne
Sinn gewesen, hinzusehen.

Jede
Nachricht drang durch alle Wände,
Und ich hatte eine
Angst, die kümmerte sich nur um mich,
Es könnte sich doch alles auch nach draußen wenden,
Und man würde um mich wissen,
Ohne mich zu kennen.

Aufschläge 6931 - 6933

Im
Vorhof lag ein Kernholz,
Das war schwer zu spalten,
Und ich hatte es geschont, es lehnte an der
Hauswand,
Und ich sah es täglich an und
Immerzu erinnerte es mich an seine
Teilung, und, vom Wetter ausgelöst,
Begann dann doch der
Riss, der wuchs von seiner Oberfläche,
Und ich konnte nichts dagegen tun
Und musste warten,
Und ich wusste auch, ein
Fachmann hätte längst in beide
Seiten das gewellte Eisenblech getrieben,

Und es hätte keine Spaltung zugelassen,
Andrerseits würd ich von mir kein
Sterbenswort verraten,
Und ich deckte über alles meine
Tagesjacke,
Und ich gab mich wieder etwas mehr dem
Wetter preis.

Ich konnte auch nicht wissen,
Ob ihr mich verstehen würdet,
Und der
Tag war mir bis hier ganz wirr gewesen,
Und ich strich aus ihm die
Unverständlichkeit heraus bis zur Unkenntlichkeit,
Das war verboten,
Und ich musste
Buch darüber führen, über jede Änderung,
Und das war auch verboten.

Dann erzähltet ihr von einem
Bild, das hing in einem meiner Zimmer,
Dass es euch so gut gefallen habe,
Und ihr spracht von einer selt'nen
Wirklichkeit, wie man sie nirgends findet,
Und ihr wart so grausam, weil ich selber
Ichbild war und stand vor euch und hing auch
Lebend an der Wand daneben.

Aufschläge 6934 - 6936

Von unten her, ich meine durch den
Boden, über meine
Füße, zittert und vibriert an mich das
Herz der lebenden Maschine,
Und es schlägt und stampft und lässt nicht ab,
Und horche ich nach innen, stolpre ich gleich über
Stiche in der Brust,
Und drüben sehe ich ein

Nest in Blüte,
Und den
Vogel steckte man auf einen langen
Draht, der schwingt im Wind,
Die Liebe, die ich hatte, wurde angeschraubt
Und funktioniert nun einwandfrei, getrennt von mir,
Ich bin entlassen, und die
Macht, die ich einst mit mir brachte,
Ziehe ich an einem kurzen
Faden hinterher,
Sie hakt, so gut es geht, an
Ecken und an Kanten,
Und sie wehrt sich gegen meine
Gängelei.

Hätte ich die
Wanduhr aufgezogen, hätte ich
Beständigkeit geschaffen,
Doch statt dessen war die
Zeit nun vor die Tür gefallen,
Und sie schlug in einem fort,
Man brauchte sich nicht mehr um sie zu
Kümmern.

Gestern las ich ein
Gedicht, es war ein
Waldweg, der euch von der Straße führte,
Und das
Unterholz wurd immer dichter,
Und ich ging voran und sah mich selten um,
Und einer nach dem anderen von euch
Ging mir verloren, und die
Worte, die ich bis zum
Ende zu euch sprach und die ihr trugt,
Las ich von diesem
Waldweg auf, ich konnte mich nicht um euch
Kümmern.

Aufschläge 6937 - 6939

Es tat sich eine
Frage auf nach dem Ersatz, denn heute war
Karfreitag,
Und ein
Sänger übte für den Abend,
Und wir hörten, wie er sang:
„Es ist vollbracht,"
Und ich blieb auf der
Kellertreppe stehen, beugte meine
Knie und sah mich um nach dem
Ersatz und dachte an den
Sänger, der saß in der Badewanne,
Und man plante irgendwo die
Urnen ausgesuchter Menschen in ein
Satellitenfenster zu verkaufen,
Dort war
Platz für schier unendlich viele,
Und ich flehte innerlich darum,
Dass mich die
Klarheit selbst in dieser dunklen
Nacht auf meiner Kellertreppe
Überkomme.

Über allem stand das
Zelt,
Ich weiß ja, früher musste man es anders deuten,
Und man quälte heute nicht mit Essig,
Und man stieß die
Seite nicht mehr auf,
Das trieb mich in die Flucht,
Ich kreuzigte die
Dankbarkeit, das machte nichts mehr aus,
Ich kniete auch auf
Schienen zwischen Hochgeschwindigkeitsfahrzeugen,
Die im
Notfall nicht mehr halten konnten.

Mit dem
Rücken lehnte ich mich an den
Baum,
Es roch an ihm so trauersüß,
Ich drehte mich herum und sah das rote
Harz um einen eingeschlag'nen
Nagel quellen,
Nein, ich wagte nicht den
Blick zu heben,
Und ich fand ja alles
Wie man es erzählte
Und wie es beschrieben stand im
Buch.

Aufschläge 6940 - 6942

Weiß ist dein
Gesicht, du schadest dir in Vielem,
Und als ich dich damals liebte,
Nahm ich dir das Herz ab,
Und ich schnitt es ein in eine
Rinde und verließ dich,
Und danach, als ich durch
Zufall wieder kam, erschrak ich, weil es
Groß gewachsen war,
Es saß inzwischen viel zu hoch,
Du selbst erreichtest es nicht mehr,
Und neben dir las ich ein Schild:
„Lass dich in meinem Schatten nieder,"
Das verstand ich nicht,
Und heute bringe ich dir Salz und Brot,
Das wirfst du mir nun nach,
Ach, ich vergaß das Trinken,
Und ich stieß nicht mit dir an,
Ich dachte auch, der
Platz, den ich für mich alleine brauchte,
Engt doch immer einen andren ein,

Und du verstandst dich anders:
Wenn du gingst,
Wurd immer etwas frei.

Ich schlug die
Seite eines Bilderbuches auf,
Es stellten sich die winzigen
Figuren automatisch
Hoch und räumlich voreinander, ein
Theater, das sich nicht bewegte,
Und es blieb ganz stumm,
Und oft ging ich an mir vorbei,
Ich stand als
Bettler überall im Wege,
Und ich gab mir nichts
Und horchte auch nicht auf die
Litanei.

Heute zog ich mir das
Geld aus einer Wand,
Sie gab davon so viel ich wollte,
Und es sah mir niemand zu,
Und tausend
Augen starrten mir aus tausend roten Lampen nach,
Bis ich mich wieder ausgegeben hatte,
Dann wurd ich erneut
Verteilt.

Aufschläge 6943 - 6945

Dort, wo ich die
Augen suchte, waren goldne Tupfer,
Und ich war verwirrt,
Ich drehte einen roten
Faden in der Hand, der
Strammte sich und ließ sich zupfen, dass ein
Ton erklang,
Dann sah ich noch einmal zu dir,

Du wolltest mich begrüßen,
Und die
Hände, die du reichtest, waren überspannt mit
Seide, die entstand im hohen Alter, oder war es
Pergamentpapier,
Ich fühlte mich gereizt, darauf zu schreiben,
Und ich sollte lieber darin lesen, sagtest du,
Es wär ein
Gottesdienst wie jeder andere,
Und meine
Angst wurd heiß, ich wich zurück, der
Faden schnellte mir davon und hinterließ die
Blutspur auf den Fingern,
Und ich las nun doch.

Auf der andren
Straßenseite stand der
Turm des Gotteshauses hoch hinauf in Flammen,
Und ein
Mann, den ich von dieser Seite sah, sprang in den
Fluss, in dem er gleich versank,
Ich sah noch, dass er an die
Beine etwas angebunden hatte,
Und der
Turm schlug um zur Seite und fiel hinterher,
Es war für mich nicht einmal der
Zusammenhang ersichtlich.

Erst im freien Feld kam ich zu mir
Und hatte lange fahren und dann lange gehen müssen
Bis zu dieser Stelle,
Und sie war in meinem Zimmer,
Und ich legte mich und wartete
Und hörte nacheinander drei der Explosionen,
Und die vierte blieb so weit zurück,
Dass sie mich nicht
Erreichte.

Aufschläge 6946 - 6948

Den
Vogeltieren nützte keine Bäckerstube,
Und sie flogen dir davon und pickten unter einer
Parkbank in dem Sand,
Ich war gewiss, du würdest immer noch die
Wohnung haben unter deinem eignen Tisch
Und hatte mich geirrt, der
Platz darunter war verlassen,
Und ich ging zum
See, der lag inmitten unsrer Stadt,
Die weißen
Entenvögel, die dort schwammen,
Maltest du besessen auf ein weißes
Blatt Papier, die
Tiere hoben sich nur sehr schwer davon ab,
Man konnte dich mit nichts belehren,
Und ich selbst saß immer wieder vor dem
Spiegel, dem hatt ich vor
Jahren schon die Augen ausgestochen,
Und ich wusste nicht, auf wessen
Seite nun das Recht stand.

Irgendjemand gab mir eine spitze
Eisennadel in die Hand,
Ich kannte mich nicht aus und stach damit
In alles Mögliche und ritzte tiefe
Spuren, weil ich es nicht besser wusste,
Und den
Himmel, der gleich über mir begann,
Zerkratzte ich und durfte wirklich
Machen, was ich wollte.

Als ich heimkam,
Wurde ich von mir empfangen,
Und es war auf beiden
Seiten keine Freude und kein gegenseitiges
Willkommen,

Und das einzige, was ich bemerkte, was mir
Hoffnung ließ, war, dass ich zwischen
Mir und mir nicht unterscheiden konnte,
Und von beiden war auch einer aus dem andren
Projiziert.

Aufschläge 6949 - 6951

Wir saßen im
Konzert und lauschten auf ein
Instrument, das spielte weit entfernt,
Es musste außerhalb des Raumes sein,
Du sprachst zu mir ein falsches Wort,
Dies war die erste
Feindberührung, die wir miteinander hatten,
Später ließ ich eine schwarze
Fahne schneidern, die zog ich dann auf
Und ließ sie über unsren Köpfen flattern,
Hoch entrückt wurd sie zum
Blindpunkt, der durch unsre Augen zog,
Sie hob sich auch an weißen Tagen
Nicht mehr ab vom Hintergrund,
Und aus der
Zeitung lasen wir von schwarzen Fahnen,
Die entstanden auch aus andren Gründen
Und aus andren Stoffen und verwehten schneller
Oder zogen endlos über alles hin.

Wir konnten die
Berührung mit der Erde nicht verhindern,
Und für unsre
Füße, ja ich sag es so, für meine
Füße würd es niemals eine
Bodenfreiheit geben,
Auch die
Zeit, als ich auf meinen Händen ging, ging ich in
Wahrheit nur mit umgekehrtem
Zeichen, das war keine Wahrheit,

Und in meinem
Kopf stand Schwindel auf.

In der
Gartenkolonie zog jemand
Fähnlein auf,
Sie hatten nur die
Größe seiner Hände,
Und sie ragten nicht einmal bis in die
Schulterhöhe,
Und es zeigte mir der
Mensch wie sehr er über diesen
Dingen stehe und sie sich vor Augen halte,
Und er sähe nichts von alledem.

Aufschläge 6952 - 6954

In dem
Schlafsaal standen statt der
Schlafenden, die handgemalten Bilder,
Draußen drängten sich die
Obdachlosen vor dem Eingang,
Und du wusstest nichts mit ihnen anzufangen,
Und in diesem
Augenblick riss deine goldne Kette,
Und sie hing als
Zeichen deiner Weiblichkeit um deinen Hals,
Du spürtest nur ihr leises
Tasten über deine Brust, als sie herabfiel,
Und sie musste sich ja irgendwo
Gefangen halten,
Sicher ging sie nicht verloren,
Dann erlebtest du auf deiner
Haut dies ganz besondere
Gefühl ein zweites und als
Schauer gleich danach ein drittes Mal,
Es ging so schnell,
Du horchtest laut nach innen,

Und du wehrtest niemandem,
Und alles waren
Linien einer Front: die
Bilder und die Obdachlosen, du im
Raum, an dir das
Tasten einer unbedachten
Hand.

Deine
Kleidung nässte durch,
Du gingst im feinen
Regen, der drang in die Wolle,
Und er machte dir die
Haut so schwer, die
Schritte wurden vorsichtiger, langsamer,
Und dein Gesicht erblühte und du richtetest es auf das
Steingrau über dir,
Das ließ sich auf dir nieder,
Und du liebtest alles, was um dich geschah,
Es war ein
Bild, das wurde grad lebendig,
Und ich hängte es nicht um.

Es war ein
Wettlauf der Gedanken zwischen uns,
Den sollten andere entscheiden,
Eines gab ich zu von vornherein,
Und alles was ich dachte, ging entgegen jedem
Sinn,
Ich konnte davon gar nichts wissen,
Und du warst zu jeder
Zeit genauso weit wie ich.

Aufschläge 6955 - 6957

Du verlebtest deine
Zeit in einer Schachtel,
Die verließt du nur, um umzusteigen in die andere,
Die wurde dann dein neues
Heim,
Sie hatten immer rechte
Winkel und sechs Seiten,
Und, als ich dich aus den
Augen ließ, mich umsah
Und nach andren schaute, fand ich überall die rechten
Winkel und genau sechs Seiten um mich her,
Und ich zog aus und musste erst in eine andre
Schachtel steigen,
Die um schloss die alte, war viel größer
Und ganz anders,
Und es war mir nicht genug,
Und ich bestieg die nächste
Und die übernächste,
Und ich weiß nun, dass ich wohl nach
Innen hätte gehen müssen, um herauszukommen,
Und es war nicht möglich.

Als ich durch das
Zimmer ging, stand mir die
Tür im Weg,
Ich sah um sie herum,
Es war nichts hinter ihr als das, wohin ich gehen wollte,
Und ich hätte sie umgehen können,
Und ich rätselte
Und ging dann durch sie durch
Und schloss sie hinter mir,
Ich sah das
Wellenkräuseln ungenau,
Es kam vom leisen
Wind, den musste ich wohl übersehen haben.

Man warnte mich, ich sollte ja die
Feuchtigkeit beachten,
Und ich sah im
Bad, dass es schon viel zu spät war,
Dass die
Fernzuggleise, die sonst blank und spurlos über meinen
Körper liefen, nun im
Rotrost lagen,
Und es würde lange dauern, sie mir
Auszuheilen.

Aufschläge 6958 - 6960

Der
Anker glitt mir aus der Hand,
Und es war an der falschen
Stelle wo er niederfiel,
Und unter mir bemerkte niemand etwas,
Und die
Kette, die ihn sicherte, war durchgerissen,
Und ich sah ihm trotzdem nach, ein schwarzer
Punkt, der mir im
Blickfeld stand wich aus
Und ließ sich nicht erkennen,
Und mein
Schreien käme viel zu spät,
Ich dachte in demselben
Augenblick an die Verlorenen, die
Tausendfach in allen
Meeren trieben,
Und sie waren unsichtbare, durchsichtige
Todessammler,
Und erst heute morgen legte sich ein
Spinnweb über mein
Gesicht, das klebte überall,
Der
Augenaufschlag, den ich hier erwartete,
Würd nicht mehr kommen.

Es hieß ja auch, dass man das
Leben nur solange glaubte, wie der
Herzschlag spürbar war,
Und das war falsch, weil es auch
Herzen gab, die schlugen außerhalb,
Das Leben selbst kam ohne
Herz aus,
Und man musste neue, andere
Gesetze schreiben.

Gerade, als ich gehen wollte, führtet ihr mich an ein
Häuschen,
Und ich durfte durch ein
Fenster schauen,
Und ich musste mich erst an die
Dunkelheit gewöhnen,
Dann erkannte ich darin den
Weg, den ich bis hier gegangen war,
Er reichte ganz zurück bis an den
Anfang, der blieb innerhalb und lag doch hinter mir,
Das war nicht zu verstehen,
Und ich kam aus eigner
Kraft nicht fort von diesem
Fenster.

Aufschläge 6961 - 6963

Wir wussten, dass in dieser
Muschel eine Perle wuchs,
Der
Tisch war schon gedeckt,
Und alle
Teller standen umgekehrt,
Man hätte so davon nicht essen können,
Und es hätte auch gereicht, zu wissen,
Ob darunter etwas lag,
Für mich war alles leicht,

Ich saß an einem
Platz und hielt den
Regenschirm gespannt und über mich,
Die silbergraue
Stange stand ganz senkrecht und berührte meine
Stirn, ich hatte die
Parade abzugeben,
Außerdem war unter meinem
Teller aus dem Tisch gesägt,
Ich war ganz ohne Sorge,
Ja, das
Meer mocht kommen und sich über uns ergießen,
Ich war, wie ich sah, gut vorbereitet
Und gut ausgerüstet,
Und ich saß mir gegenüber,
Und ich lachte über mich,
Das durfte mich nicht kümmern.

Stille stand in meinem
Rücken,
Und sie legte mir das
Kinn auf meine Schulter,
Und es hatte keinen
Sinn, mich umzudrehen,
Und sie blieb eng hinter mir,
Auch wenn sie vor mir stehen würde,
Könnte ich ihr nicht entweichen,
Beides durfte mich nicht kümmern,
Und sie sprach mit mir.

Ich sah ein
Dach, das war fast ebenerdig,
Und darunter, sagte man, befände sich ein
Haus,
Den
Eingang gäb es nicht, man wohnte nur darin,
Und nie wär jemand eingezogen,
Und es zog nie jemand aus,
Es war nur, dass man davon sprach

Und dass man sich auf diese
Weise um das
Dachhaus kümmerte und es
Bewahrte.

Aufschläge 6964 - 6966

Die
Landschaft wuchs um mich herum,
Die weit entfernten
Horizonte steckten mir im Haar, das
Holzboot, das mich trug, ein
Kahn, der eilig anfing, fuhr nun immer schwerer,
Und der See, auf dem er fuhr, verdickte sich zu
Glas an seiner Oberfläche, die mich festhielt,
Ich war aufgefordert, auszusteigen,
Unbeweglich lag das
Boot,
Und mir blieb weiter nichts, als noch das
Netz heraufzuziehen,
Und ich hoffte auf den ganz besondren Wind,
Die
Tiere, die im
Wasser lebten, schwammen nah an diese durchsichtige
Decke, die war wirklich hart
Und würde mich wohl tragen,
Und ich spürte Lust, am
Boden eine Planke
Einzuschlagen.

Du maltest ein geschliffenes
Gefäß, das lud weit aus und war aus dünnstem
Glas und sehr, sehr zart,
Ich hatte diesen
Küstenstreifen mit dem
Dünengras noch nie an dir gesehen,
Und es stand kein
Halm im Wind,

Es war nichts in
Bewegung.

Vor mir lag ein kleiner
Stein, den trat ich mit dem Fuß,
Er stieg ein wenig auf, schlug an
Und sprang noch einmal vor,
Dann blieb er, nah zum
Absturz an der Kante liegen,
Und ich ging zu ihm und sagte, dass er seine
Augen erst dann öffnen dürfte,
Wenn ich es erlaubte,
Und verließ ihn.

Aufschläge 6967 - 6969

Du stehst nun auf dem
Höhepunkt der Brücke,
Und die Enden sind von hier aus gut zu sehen,
Kommen auf dich zu
Und ziehen sich, soweit es irgend geht,
Zurück,
Von deinen
Füßen weißt du nichts,
Und ihre Augen bleiben blind für dich,
Zwei Schnüre, die am Boden liegen,
Die du gern zusammenknüpfen würdest,
Kämest du dort an, doch sie entweichen deinen
Fingern,
Jemand zieht sie stramm, wenn du sie nur berührst,
Es ist die
Augenblicksmusik in deinen Ohren,
Die entsteht in kleinen
Überräumen, die du schluckst,
Den
Kopf hast du verkehrt herum im Rumpf,
Weil es dir wichtig ist, den
Blick zu heben.

Vor mir ist ein eisernes
Geländer, das ragt über mich hinaus
Und soll mich hindern oder schützen,
Und ich weiß nicht, wen ich fragen soll,
Und gleich dahinter ist es ganz genau so wie bei mir,
Nur dass ich vor mir auf der andren
Seite stehe.

Zwischen meinen
Fingern halte ich die
Enden eines Tuches,
Das entnahm ich einem
Bild mit einem Weib, das liegt im eignen Blut,
Ein Kind hat es geboren,
Und das Blut und auch das Tuch sind reine
Wahrheit, die ich finde,
Und ich kann sie nicht erklären.

Aufschläge 6970 - 6972

Vor mir lag ein
Mensch, der war aus Marmor,
Und er lebte noch,
Sein flacher
Atem ebbte in den Raum,
Ich war allein mit ihm, die
Farben seines Steines schimmerten im
Licht, sonst konnte ich nichts
Lebendes an ihm entdecken
Und, was ich an ihm begriff, war hart und glatt,
In deinem Zimmer hingen
Referenzen, die ich nicht verstand,
Du hättest mir nichts zu beweisen brauchen,
Und den roten
Steinblock durfte ich nicht anerkennen,
Jeder sah doch, dass er nicht verdauen konnte,
Und ich wollte nichts von

Liebe hören,
Davon gab es mir zu viele ganz verschiedne
Arten.

Vor der
Eingangstür war eine automatische
Kontrolle,
Und man sah in einen
Spiegel, der vor einem andren stand
Und hinter ihm der nächste
Und danach der übernächste und so fort,
Und wer gefallen wollte, musste durch die
Reihe dieser Spiegel fallen ohne
Aufenthalt,
Das konnte nicht gelingen,
Und schon ab dem zweiten
Spiegel blieb man
Unbekannt.

Man schickte mir ein
Bild, das selbst war ein
Gerücht,
Und ich erkannte es sofort
Und ließ mich nicht drauf ein,
Das war genauso falsch, als hätte ich mit ihm geredet,
Und es ging um mich dabei,
Ich sei, so sagte man, am
Leben,
Und es war doch wirklich etwas
Anderes.

Aufschläge 6973 - 6975

Hinter deiner vorgehalt'nen
Hand wuchs nasses Moos,
An mir erstarrten die
Gedanken, farbige
Kristalle blühten aus und stachen,
Nadelten sich ihre eigene Geometrie,
Und stieße man an sie und würden sie zerbrechen,
Käme auch der Stillstand,
Meine
Lippen hätt ich gern ins Moos gedrückt
Und leise Worte in den grünen
Schwamm gesprochen,
Doch davor war meine Hand,
Und eine
Klingel ging so schrill und läutete in einem fort,
Ich würde mich, wenn ich es könnte, unterbrechen,
Und ich wusste nicht womit und wie und nicht,
Was deine
Hand mir noch verbarg,
Es mochte sein, dass die auf meiner
Schulter lag.

Über unsren
Dächer spannten sich die graden
Linien großer Strahlenstraßen,
Und man sah sie auch des Tags,
Sie liefen hinter hohen
Wolken erst zusammen
Und sie existierten völlig ohne uns,
Und sie verschoben sich
Und boten sich nur selten
Und aus einem
Zufall zum Betreten an.

An einem
Baum erkannte ich sofort die
Wetterseite,

Meine Kompassnadel richtete sich danach aus,
Ich meinte auch, dass alles andere sich um den
Baumstamm drehte,
Und der
Boden unter ihm bewegte sich als Scheibe,
Und ich stand darauf.

Aufschläge 6976 - 6978

Vor mir, auf dem
Weg, fand ich die halbe
Eierschale aus dem Vogelnest,
Und ich gestand den
Unterschied, der zwischen
Hoffen und der Angst lag,
Und ich legte sorgsam diesen
Rest beiseite,
Ja, er war noch feucht und klebte mir am
Finger,
Durch die
Öffnung reichte man den
Fahrschein, den ich nehmen musste,
Weil er mir gehörte und mich auswies,
Und ich steckte ihn in irgendeine
Tasche, dass ich dauernd an ihn denken musste,
Gleich am
Ausgang warf ich ihn dann fort,
Ich hatte großes Glück, das
Eisen, das mich brennen sollte, war erkaltet,
Und man ließ mich laufen.

Jeder dachte an das
Gleiche, wenn ich einen
Stein aufhob und damit werfen wollte,
Und man ging aus seiner
Flugbahn, die war abzusehen,
Und ich zog die
Hand zurück auf seinen

Platz hier auf der Erde,
Und man sah zu mir und auf den Stein
Und höchstens noch auf meinen
Fuß, und nichts tat sich.

Man sandte eine
Nachricht aus der andren
Stadt zu mir und hatte einen
Faden ohne Unterbrechung abgewickelt,
Und der reichte von dem fremden
Haus bis her zu mir,
Ich musste nun das
Ende zwischen meinen Fingern halten
Und man las mir vor und garantierte für die
Unversehrtheit der Verbindung.

Aufschläge 6979 - 6981

Der
Tag ist viel, viel tiefer als die
Nacht,
Ein saitendünner, hart gestrammter
Draht führt dort hinab,
Den rühr ich an und zupfe einen
Klangton, der läuft ab darauf
Und schwirrt noch lange in der
Luft,
Die Luft steht fest in meinem Ohr,
Ein
Möwenschrei fällt mir darein, er ist sehr nah,
Und weit entfernt in
Meereswellen stehen schwarze
Fischerboote, die schiebt irgendetwas weiter fort,
Sie werden sich am
Band in weiter
Ferne stoßen, das ist fest und hält die
Arme weit geöffnet.

Mit dem
Fahrzeug steh ich an der Küste, alle
Fenster sind geöffnet, dass ich hier nichts unterbreche,
Und der
Wind trägt etwas Sand herein
Und schmirgelt an dem Blech,
Ich höre ein
Signal von draußen, das will mich verdrängen,
Und es warnt mich auch,
Es ist der
Ruf der jungen Fische, die sich andern nicht
Bemerkbar machen können,
Und an meiner
Angel lass ich sie nicht hängen
Sondern löse sie und werfe sie
Zurück.

Über mir steht lautlos dieser weiße
Vogel in der Luft,
Er hält nur seinen
Kopf ein wenig schräge,
Seine Flügel stoßen fast an meine,
Und wir meiden uns,
Ich denke auch, dass man den
Aufwind, den wir brauchen, nicht erzwingen
Und nicht einfach in die andre
Richtung lenken kann.

Aufschläge 6982 - 6984

Von unten schimmerte der halbe
Mond durch meinen Schreibtisch,
Ich beschrieb dir so die einfache
Natürlichkeit,
Sie war für mich alleine gültig, sie war
Immer an dem rechten Platz,
Dir stand der
Mond, der mir zu Füßen lag, im

Nacken,
Und du wandtest dich nicht um,
Es wären zwei, so sagtest du,
Wenn hinter dir noch einer stünde,
Und du hattest Recht,
Es standen hunderttausend
Monde zur Verfügung,
Und es ging so mit der
Sonne, mit den Sternen
Und mit jeder
Wahrheit und mit jeder Lüge.

Alle
Wege meines Gartens wollte ich am
Sonntag harken,
Und die Linien, die ich ziehen würde,
Müsste ich verdammen, wegen ihrer
Parallelität und weil die
Erde, die darunter lag, ganz andre
Linien furchte, als sie zeigte.

Drüben sah ich, wie ein
Mensch durch Sand ging,
Und er sank ein wenig ein und ging schnell weiter,
Und ich schöpfte
Hoffnung, trat in seine Spuren und blieb stehen,
Und ich würde sicher irgendwann versinken,
Und es wartete ein anderer schon hinter mir,
Der wartete vor mir
Auf mein
Verschwinden.

Aufschläge 6985 - 6987

Man gab mir dieses
Werkzeug, das war groß und schwer,
Ich hätte meinen
Hunger unterdrücken können, aber das gestattete man nicht,
Die Essbestecke wären grade richtig,
Und ich sah, dass um mich her die ungemachten
Menschen standen,
Und sie sahen mir in Neugier zu,
Ich schnitzte eine
Rinne in den Tisch, dass sich darin die
Flüssigkeit als erstes sammeln sollte,
Das verstand man gut,
Dann sprang ich auf die
Platte und schlug sie im
Mittelfeld heraus und setzte mich hernach zu
Tisch,
Die mich gezwungen hatten,
Mussten mir servieren, mich bedienen,
Und sie löffelten aus meiner
Mitte.

Zwischen deinen
Gästen stand ein
Tier, das größer war als selbst der
Größte unter uns,
Ich wich zurück,
Und auf der
Flucht traf ich auf dich,
Du sagtest gleich, ich sei dein
Gast und könne machen, was ich wollte,
Es sei ganz gewiss umsonst.

Über mir schlug eine
Glocke,
Und sie klang so groß und weit,
Sie hing gewiss in einem Turm,
Das hatte ich zuvor nicht wissen können,

Und ich suchte außerhalb der Stube,
Und ich fand die
Vibration der Töne, die umarmte ich
Und schlug mich an
Und klang so groß und weit ich konnte.

Aufschläge 6988 - 6990

Im
Wald stand
Sonnenluft um jede Nadel und um jedes Blatt,
Und über mir zersprangen
Tannenzapfen in der Hitze,
Dieses
Leihhaus hatte grad geöffnet,
Und ich war der Erste,
Rührte an die Gegenstände,
Und es fehlte mir nun völlig der
Entschluss zu kaufen,
Leider gab ich mich in Zahlung,
Den
Erlös ließ ich auf weichen Boden fallen,
Bis zum
Abend mochte sich der
Tag noch wenden.

Später lebte ich im
Wasser und gewöhnte mich an die
Verzerrung,
Und ich staunte über alle, die zurückgeblieben waren,
Die kein
Zerrbild hatten.

Meine
Hände wuchsen aus, dass es nicht reichte,
Auf dem
Holztisch lag ein Moritatenbuch,
Das schob die

Mädchenliebe und das Morden ineinander,
Und ich blutete an vielen Enden,
Spott bestieg mich,
Und in meine
Augen fielen Tränen fremder
Leute.

Aufschläge 6991 - 6993

Eigentlich beschloss ich den
Bericht zu schreiben,
Und ich setzte vor die
Augen mattes, trübes Glas,
Ich wollte mich so besser
Konzentrieren können,
Und es hakten sich auch die
Gedanken ineinander,
Und sie wurden viel zu stark,
Ein
Riss schoss durch das Glas
Und ließ es auseinander fallen,
Ich gab auf und fügte mich in meine
Nichtanwendbarkeit,
Die wurde nun zur
Denkgewohnheit.

Als ich fortging, wollte ich den
Mantel überziehen,
Den trug ich schon jahrelang,
Und heute war er mir zu eng,
In einer
Nacht war er mir viel zu klein geworden,
Dass er nicht mehr passte,
Und ich hatte abzuwarten,
Dass er sich besinnen
Und sich wieder fügen würde.

Drüben standen viele
Retter, die bemühten sich vergeblich,
Und ich konnte keinen
Unfall, keine Katastrophe, keinerlei
Notwendigkeit entdecken,
Und ich bot mich trotzdem an,
Man lobte mich und sagte gleich,
Für das, was kommen würde,
Wäre ich zu spät,
Und ganz umsonst sei mein
Bemühen, das was schon passiert sei,
Nachzumessen.

Aufschläge 6994 - 6996

Ich wollte mich nicht dauernd richten lassen
Und versuchte einem
Dauerurteil zu entgehen,
Wollte, dass der
Spruch von gestern, den man über mich gesprochen hatte,
Nicht zum Tragen kam,
Man sollte ihn nicht fällen können,
Und ich packte mich in
Ekel ein, das mochte trennen,
Andrerseits begegneten mir die
Bedürftigen, die fühlten sich zu mir gezogen,
Die
Vollstreckung war durch sie so schrecklich
Nah.

Ich wollte mich nicht opfern für ein
Bild, das andre von mir hatten,
Und mein
Sterben hätte nur bestätigt,
Was sie lang vermuteten,
Es war das selt'ne, teure
Tongebilde, das zum Schluss doch noch in
Scherben brach,

Und über meinen
Rücken, sagte mir ein Freund, lief dieses feine
Netz von kaum mehr wahrnehmbaren
Rissen der Fayence.

Ich war auch fern von meiner
Lebensliebe und stand außerhalb,
Es war sehr schwierig und sehr ungewohnt die
Dinge, die hier gültig waren, zu erfassen,
Und es war der kleinste Teil von einer
Liebe, die dem Leben galt,
Ich trat ihr nicht entgegen.

Aufschläge 6997 - 6999

Sonst berichtete man nichts, als dass der
Heilige noch immer vor dem
Haus des Nachbarn kniete,
Und man hatte einen großen
Spiegel vor ihm angebracht,
Der stand ein wenig schräg und hob den
Mann weit über sich,
Er trug um seinen
Hals den Rettungsring, wie man ihn
Kindern gab, mit einem aufgeblähten
Schwimmtier an der Seite,
Ich ging ruhelos durch
Straßen, die verwuchsen immer enger,
Und ich rührte schon im
Gehen mit den Händen links und rechts an
Häusermauern,
Oben, schien es, stießen sie zusammen,
Und ich sah zu meinen
Füßen in die Pfütze, die es mir
Bewies.

Weiter vorne kam die kleine
Brücke, die ich überschreiten musste,

Und sie würde wieder, wenn ich in der
Mitte stünde, über mir
Zusammenschlagen und versinken,
Ich stand am
Geländer, das hier anfing, und entschloss mich nicht,
Man hielt mich auch für dumm,
Weil ich noch zögerte,
Und ging an mir vorbei
Und war so
Beispielhaft.

Drüben, das war auf dem
Dachfirst jenes Hauses, stand ein Pferd,
Und auf ihm saß ein Reiter,
Beide waren aus Metall
Und zierten dieses Dach,
Ich war der einzige und führte
Buch bei Tag und Nacht von dem
Vorhandensein,
Ich hatte den Verdacht in mir zu prüfen,
Der war sich der
Sache völlig sicher.

Weitere Veröffentlichungen von Harald Birgfeld im Verlag:
Books on Demand GmbH, 22848 Norderstedt

Lyrik:

..and I said to myself, what a wonderful world,
   36 Gedichte mit fantastischen Inhalten, 44 S.
Feuer, das zur Speise wird, *114 Gedichte aus meiner digitalen Welt, 68 S.*
Für dich..., *43 Liebesgedichte und 15 Augen-Blicke, 32 S.*
Gedichte, veröffentlicht in ausgewählten Anthologien, und
   Namenlos von meiner Insel, 42 Briefe, *Lyrik, 112 Seiten,*
Honigweißer Duft, *14 fantastische Gedichte,*
   32 S. dabei 14 farbige Seiten.
Mund aus Glas am Rand aus Fleisch, *114 Gedichte,*
   Schwarze Liebeslyrik, 120 S.
Sofortige Lähmung, *112 Gedichte aus dem Innersten, 72 S.*
Unter einem Mikroskop, *36 Gedichte für eine parallele Welt, 28 S.*
Von Haut zu Haut, *132 Gedichte: Was macht meine Liebe an dir und an*
   mir mit mir und mit dir? Liebeslyrik. 48 S.
Wo die schwarzen Blätter wachsen, *129 erotische Gedichte? 76 S.*
Auf deiner Reise zum Rande im Rande des Randes der Sonne
   187 Gedichte: Im Innern der Sprache werden Kräfte freigesetzt. 184 S.

Prosa:

Die Tätowierungen der jungen Tanja W. : *„Die Tätowierungen der*
   jungen Tanja W." handelt von der Selbstsuche und Selbstfindung
   einer jungen Frau, 132 S. Format A5
Fünf Veröffentlichungen/Five Publications (deutsch/englisch),
   32 S. Format A5 (1 Band)
   Theorie und Utopie der eigenen Zeit,
   Theorie und Utopie der anderen Zeit.
   Die Zeit der Gleichungen ist vorbei
   Societ lyrics, was ist das?
   Folienbilder-Entstehung
Kleine Fibel Arbeitsschutz *(für die praktische Arbeit) an:*
   „Hochschulen", „Kindergärten", „Schulen" (3 Bände)